「右翼」の戦後史

安田浩一

講談社現代新書

2485

はじめに

プロレタリアートの前衛たる左翼に対して、右翼を「民族の触角」と表現したのは民族派の重鎮として知られた野村秋介だった。

時代への感受性と、危機に直面した際の順応性を、野村は火事場の半鐘に喩《たと》えた。尻込みしない。素早く駆け付ける。人々の命を守るために自らが盾となる。必要とあらば、そのための暴力でさえ肯定した。人々の素朴な心情に寄り添うのが右翼だと説いた。

「弱いものが強いものに抗するための暴力が必要な時はある。だが、一般の人に体を張れと言うことはできない。そのために民族運動家がある」

それが野村の持論だった。実際、野村は大資本には容赦なく戦いを挑んだが、在日コリアンなどマイノリティに対する差別は許さなかった。

日本の右翼には右翼としての〝正史〟がある。欧米列強に立ち向かい、財閥の腐敗に憤り、農村の疲弊に涙した。まさに民族の触角として危機を感受し続けてきた。

さらに、右翼には右翼としての秩序もある。自由、平等の理想を掲げる左翼とは違い、国家への忠誠が優先される。日本の場合、そこに絶対不可侵の天皇という存在が加わる。

急激な変化を望まず、国家と民族の威厳を保ち、歴史の風雪に耐えた伝統と慣習を守り、国内の安寧維持に尽力する。右翼は極めて濃度の高い「日本」であろうとした。

右翼とネトウヨとの違い

だが、度数の高い酒と同様、飲み続ければ時代だって悪酔いする。

人権よりも国益に重きを置く右翼は、ときに権力と一体化し、無謀な戦争を煽った。植民地主義に邁進した。要人暗殺というテロを繰り返してきた。

たとえば私が右翼という言葉を口にするたびに喉の奥から苦いものがこみ上げてくるのは、暴力への恐れを感じているからにほかならない。

戦前、右翼はテロの対象を「君側《くんそく》の奸《かん》」と呼んだ。ここで言う「君」とは君主のことだ。つまり、悪政を行わせるような奸臣（悪い家臣・部下）こそが打倒すべき敵だった。そこには貧困を生み出す社会システムへの憎悪もあったが、結果的にファシズム体制の構築に手を貸すことにもなった。近年の右翼テロ（長崎市長銃撃事件、赤報隊事件、加藤紘一宅放火事件など）に至っては、情も涙も見ることができない。異論を暴力で封じただけだ。

加えて、現在の右翼には、「愛国」を掲げれば何でも許されるといった傲慢さも目に付く。大のおとなが日章旗を振り回しながら朝鮮学校に通う子どもたちを恫喝する。「外国人を追い出せ」と叫びながら繁華街を練り歩く。読むに堪えないヘイトスピーチをネットに書き込み、反論されると「表現の自由だ」と開き直る。改憲を主張しながら、日本国憲法を持ち出してわが身を守ろうとする。生活保護利用者を罵倒したり、米軍基地建設に反対して座り込む高齢者に襲い掛かる右翼も私は見てきた。貧困を自己責任だと突き放し、外国の軍隊の駐留を全力で支持する。

いや、それはいわゆる「ネトウヨ（ネット右翼）」のことであって、「本物の右翼」とは言い難い——そうした批判があろうことも予測し、先回りして反論しておきたい。

いま「本物の右翼」と「ネトウヨ」に、どれほどの違いがあるのだろうか。

差別的で、排外的で、攻撃的で。それらの点において両者に差異はあるのか。いや、主張ばかりか、両陣営を行き来する〝相互乗り入れ〟はもはや当たり前だ。境界は曖昧だ。しかも国家権力を補完する立ち位置から離れないという点でも両者にちがいはない。

野村秋介の言う「民族の触角」に、なるほどと膝を打ちながら、しかしどこか危惧を覚えざるを得ないのは、そこに安直なポピュリズムに転落する可能性を感じるからだ。いま、右翼がどれほどの大義を掲げていたとしても、燃料としているのは憎悪と排他に満ちた社会の〝気分〟である。触刺激を受けてひっきりなしに打ち鳴らされる半鐘は、差別扇動の囃《はや》し太鼓になりかねない。

もちろん、ヘイトスピーチに反対し、体を張ってそれと闘い、外国の軍隊が駐留する現実にも真っ向から抵抗する右翼があることも、私は知っている。だが、それらの右翼人は異端扱いされているのが現状だ。少なくとも右翼を象徴する勢力ではない。

政府や識者が社会の気分をつくり、煽り、右翼が暴力を示唆し、ネトウヨがそれに快哉を叫ぶ。繋がっている。続いている。そこには垣根も段差もない。

だからこそ、いまいちど右翼という存在を歴史の流れに沿って知ろうと思った。それは、常に右翼を必要としている社会を知ることだとも考えているからだ。

右翼とは何か

改めて問うてみる。

右翼とは何か。右翼とは誰か。右翼はどこにいるのか。そして何を目指そうとしているのか。国家権力は、時の右翼とどう折り合いをつけて、その存在を許容してきたのか。

歴史を手繰り寄せる。右翼の歴史を紐解いてみる。いったい、右翼の通り道には何が残ったのか。関連する事件や事象を通して、その足跡を追ってみた。

本書では時代を大きく二つに区分けした。

一つは終戦から70年安保まで。

第二次世界大戦は日本の敗北であり、同時に右翼の自滅でもあった。戦後、GHQ（連合国軍最高司令官総司令部）の手によって右翼勢力は「戦前の遺物」として舞台から引きずり降ろされる。だが、それは一時の休息に過ぎなかった。国家権力の暴力装置として息を吹き返した右翼は「反共」の旗を掲げつつ蘇生する。一部は暴力団ともつながりを持ち、黒塗りの街宣車に代表される、〝威嚇と恫喝〟といった右翼のイメージを定着させた。一方、戦後という時代の在り方を疑い、〝反体制〟を主張する新右翼が闘いの狼煙《のろし》を上げたのが1970年代である。

そこから右翼にとってさらに新しい時代がはじまった。これがもう一つの時代である。〝安保の季節〟が過ぎて左翼の勢いが衰えると同時に、右翼もまた方向を見失った。カウンターパートの衰退により、右翼の勢いも削がれたのだ。

そこへ「反共」に代わる新たなテーゼが生まれた。「改憲」である。これを求心力として、一部の右翼は〝草の根〟に活路を見出す。そうした流れのなかから、たとえば日本会議のような大衆組織が生まれた。右翼は、いわばコード進行を変えることで社会に浸透した。強面の右翼はけっして主役に抜擢されることはなかったが、「右傾化」と呼ばれる時代をつくりあげることには一定の効果を与えた。さらにこうした動きを滋養とし、21世紀に入って「ネトウヨ」という層が誕生した。その排外的、差別的な主張（というよりも佇まい）

は、当初こそ従来の右翼から白眼視されたものの、いまや両陣営の境界が見えにくくなっていることは前述のとおりだ。ネトウヨを含む右翼勢力が目指すのは「改憲」だけではなく、人権、反戦、反差別といった戦後民主主義が培ってきた〝常識〟の否定でもある。戦後という時間に対するバックラッシュ（反動・揺り戻し）である。

それは――いまの日本社会そのものの姿ではないのか。

そうした時代に危機感を覚えながら、私は右翼の歴史を取材した。

目次

日本の右翼（分類）

伝統右翼
- 戦前からの流れを汲む
- 農本主義
- 復古主義、戦前回帰

大東塾、不二歌道会など

行動右翼
- 反共、反左翼
- 街頭宣伝が中心
- 皇道右翼とも呼ばれる

時局対策協議会（時対協）、全日本愛国者団体会議（全愛会議）など

新右翼
- 反米
- 自主防衛
- 反体制

一水会、統一戦線義勇軍など

※相互乗り入れ
※境界が曖昧

宗教保守
- 親政府
- 憲法改正

世界平和統一家庭連合、日本会議など

任侠右翼
- 暴力団を母体とする
- 反共

ネット右翼
- 嫌韓、反中
- 排外主義、レイシズム

在日特権を許さない市民の会（在特会）など

序章　前史——日本右翼の源流

右翼テロリズムの時代

地下鉄南北線を本駒込駅（東京都文京区）で降りて本郷通りを東京大学方面に向かう。銀杏並木に沿って、瀟洒なマンションが立ち並ぶ。5分ほど歩くと右手に見えるのは都立向丘高校のモダンな校舎だ。そのあたりに、かつて文京区立駒本《こまもと》小学校があった。一帯が本郷駒込追分という地名で呼ばれていたころの話だ。

1932（昭和7）年2月9日の夜、民政党・駒井重次《じゅうじ》の政見発表演説会が同小でおこなわれた。この年の初めに内閣が解散し、世間は総選挙の真っ最中だった。

午後8時、民政党の前大蔵大臣・井上準之助が駒井の応援演説のために車で乗り付けた。井上は民政党の選挙対策委員長も務めており、各地の演説会を駆け回っていた。

本郷通りに面した校門の前で車を降りた井上が、校舎に向かって歩き出したときである。出迎えの人込みのなかから、ひとりの若者が飛び出した。若者は井上の背後に回り、ピストルを構えた。「パン」。火薬の弾けた音が響いた。井上がうずくまる。そこへさらに2発、銃弾が撃ち込まれた。若者はたちまち警備の警察官らに取り押さえられた。群衆の中には、ステッキを振り上げて狙撃犯の若者を滅多打ちする者もいた。

車に乗せられた井上は、まだ意識があって「痛い、痛い」とうめいていたという。だが、すぐ近くの東京帝国大学医学部附属医院（現在の東京大学医学部附属病院）に運ばれたときには、すでに意識を失っていた。狙撃からわずかに15分後の夜8時15分、井上の絶命が確認された。

「昭和テロ」の幕開けである。犯人が放った銃弾は、昭和初期の日本社会に暗い影を落とす「右翼テロリズムの時代」を知らせる号砲となった。

逮捕されたのは、当時20歳の小沼正《おぬましょう》。小沼は後に「農村の窮乏、社会の腐敗」への怒りから、政府要人、とりわけ日銀の出身で蔵相も務め、日本経済のかじ取り役として知られた井上の責任を重く見て暗殺を決意したと供述している。

貧富の差への憤り

小沼は茨城県の太平洋岸、平磯町（現ひたちなか市）の出身だ。

1929（昭和4）年のウォール街の株価大暴落に端を発した世界恐慌は、日本に深刻な影響を及ぼした（いわゆる昭和恐慌）。都市には失業者があふれ、生糸やコメ価格の暴落で、農村も疲弊した。娘が身売りする家庭も相次いだ。

小沼の生家も食うや食わずの極貧にあり、彼は満足に学校に通うこともできなかった。

その小沼には、貧富の差に対する憤怒を覚えた、決定的な出来事があった。彼の回顧録

『一殺多生《いっせつたしょう》』（読売新聞社）によると、それは28（昭和3）年11月のことだった。当時、小沼は都内の製菓工場で働いていた。

昭和天皇の即位に伴う御大典特別陸軍閲兵式が都内でおこなわれた。小沼は天皇行幸（一行の隊列）を見物するため、駒沢（渋谷区）の製菓工場から自転車で青山まで駆け付けた。沿道は見物客であふれ、小沼は人々の間をすり抜け、最前列に陣取った。

そのときである。警備の巡査が小沼を一喝したのだ。

「おい、前へ出てはいかん」。なぜいけないのかと問うてみると、巡査はこう答えたという。

「そんな服装で、前へ出てはいかん」

小沼は上に法被《はっぴ》、下はカーキ色のズボンに草履履き。典型的な下層労働者の服装だった。即座に巡査に反論した。

「なぜこの格好がいけないんですか。ぼくには、これだってちゃんとした仕事着ですよ。あなたの服装だって仕事着じゃないですか。いったいどこがちがうんですか」

だが、巡査はますます居丈高になるだけだった。

「いかんと言ったらいかんのだ！」。そう怒鳴りながら、応援に駆け付けたほかの巡査たちと一緒に、小沼を列の後方に無理やり追いやった。

後に小沼はこうした警察権力の横暴を強く批判している。

〈権力の濫用というものは国家国民に対する反逆であると私は思います。そうして権力を濫用して無垢の国民を搾取する〉（『血盟団事件公判速記録』）

貧富の差を拡大させる一方の国家権力への憤怒が、小沼をテロに駆り立てた原動力となった。

国家改造を目指して

1930年頃、小沼は大洗町の日蓮宗寺院・立正護国堂の住職、井上日召《にっしょう》と知り合う。

井上は群馬県川場村生まれで、前橋中学から早稲田大学を経て、満鉄（南満州鉄道）に入社した。ちなみに前橋中学の同級生には、後に日本で初めてマルクスの『資本論』を邦訳したことで知られる高畠 素之《たかばたけもとゆき》がいた。

満鉄に入った井上は、陸軍参謀本部の諜報活動にも従事。辛亥革命の支援などに奔走するが、その頃より法華経に傾倒する。帰国後は日蓮宗に帰依し、国家改造を目的とする政治運動に邁進した。鹿島灘に面する茨城県の大洗に居を定め、地元の若者たちに政治のあり方を説くようになったのである。

井上が目指した「国家改造」とは、私利私欲に走る支配階級の打倒と、天皇のもとにおける万民平等社会の実現である。これは日蓮宗と国家主義を掛け合わせた田中智学《ちがく》（宗教団体・国柱会《こくちゅうかい》のリーダー）の書物に影響を受けた考え方だった。

井上は「腐敗体制」に激しい憤りを抱えていた。社会の中にある貧困を顧みることなく、私腹を肥やす一方の支配階級（政治家・企業家）の打倒なくして、国の安寧はないと考えた。「万民平等」（平等社会）を目指すのは、社会主義革命を拠り所とする左翼にも通ずるものがあるが、井上の「国家改造」は体制転覆を狙う革命ではなく、国のあり方を改める「革新」である。

テロリスト・小沼にも大きな影響を与えた井上の著書『日本精神に生よ』（改造社）では、社会に貧困を強いる資本主義体制を糾弾する一方で、左翼思想に対しても批判を加えている。

〈左傾派の言ふところに依ると人類の文化は原始以来階級闘争に依つてのみ進歩し来りしものなるが故に現在も将来も飽迄《あくまで》闘争意識を旺盛にして階級闘争に勝たねばならぬ。（中略）所が不思議にも日本歴史のどの一頁にも未だ曾て一度でも階級闘争のあつた事実がないにも拘らず現在の如く文化は進歩し来つたのです。是《こ》れだけでも彼等の論拠に欠点のある事が明かですが単に理論上の欠点ばかりでなく、人類の理想が平和にあるに拘らず彼等は闘争が目的であるが故に彼等に従へば永遠に平和は来らずして猛獣の世界が現出する事になり、つまり彼等は人類の反逆者であるとも言へるのであります〉

井上は「廃墟の上に理想社会を打ち立てる」社会主義革命を否定した。天皇の取り巻きによる独裁体制を打破し、天皇親政（天皇に権力を集中させること）による国家主義体制を目指したのである。いわゆる「昭和維新」とも呼ばれる運動だ。

血盟団の結成

左翼による社会主義革命との大きな違いは「天皇親政」だけでなく、その過程にも存在する。労働運動のような社会運動に依存することなく、井上らは要人の暗殺によって社会を変えるべきだと考えた。多数の国民を生かすために、ひとりの悪人を殺す――「一殺多生」のスローガンは、そこから生まれる。変革のためには犠牲を必要とする、その後の日本右翼に大きな影響を与えた独特のテロ思想だ。

井上日召

いま、右翼という言葉に、あるいは存在に、どこか暴力的な響きを感じるとすれば、このあたりが源泉となる。浅沼稲次郎暗殺事件（１９６０年）、嶋中事件（61年）、長崎市長銃撃事件（90年）、赤報隊事件（87年から90年）など、戦後の事件だけを振り返っても、右翼は常に暴力の匂いを発散させ、そしてテロに走ってきた。

暴力で異なる意見を排除し、政治目的をかなえようとする右翼テロのイメージは、「一殺多生」が叫ばれた時代から連綿と引き継がれてきたものといえる。

国家改造を実現せよ——井上のもとに集まった若者を中心に暗殺団が結成された。そのひとりが、井上準之助を狙撃した小沼である。貧苦にあえいだ小沼は井上のもとで国家革新の理想を学びながら、テロリストの道に走った。暗殺団は後に「血盟団」と呼ばれ、その後も続く一連のテロ事件は「血盟団事件」と名付けられることになるが、これはマスコミや捜査当局による命名だったとされる。

井上準之助狙撃事件から約1ヵ月後の3月5日。今度は三井財閥総帥の團琢磨《だんたくま》が、三井銀行本店（東京・日本橋）の玄関前で射殺された。犯人は、小沼と同様、井上日召が組織した暗殺団のメンバー、菱沼五郎だった。菱沼もまた、茨城県の出身である。

捜査当局は当初、連続して起きた二つの事件の関連性をつかむことができなかったが（小沼と菱沼は黙秘で通した）、両名がともに茨城県人であること、犯行手口が似ていることなどから、井上日召の存在に行き着く。3月11日、井上が警察に出頭し「血盟団」メンバー14名が一斉逮捕された。この中には戦後のフィクサーの一人として知られ、1993（平成5）年に誕生した細川護熙《もりひろ》内閣では「指南役」と目された四元義隆《よつもと》（事件当時は東京帝国大学生）なども含まれていた。

国家改造から昭和維新へ

捜査の過程で、他にも犬養毅《いぬかいつよし》、西園寺公望《さいおんじきんもち》、幣原喜重郎《しではらきじゅうろう》、若槻禮次郎《わかつきれいじろう》など政界の大物が暗殺対象となっていたことが判明。メディアは大騒ぎする。だが、当時の世間はこうした暴力に対して寛容だった。いや、むしろシンパシーを感じていた者が少なくなかった。恐慌による社会の疲弊は、右翼テロ容認の空気をつくり出していた。

たとえばこれが欧米社会であれば、社会の疲弊や大衆の怒りは、やがて労働者階級を主軸とする社会主義革命への期待に変わっていたかもしれない。日本において右翼テロに共感が集まったのは、やはり天皇の存在が大きかったからであろう。

右翼は体制の打倒を目指しながらも、しかし天皇だけは絶対的に死守しようとした。多くの日本人に根付いた天皇観（天皇を神と同等に扱う天皇絶対主義）をそのままに、万民平等の国家体制を目指したテロリストは、大衆にとって義賊と映ったはずである。もしもテロの主役が「天皇制を基盤とする国家体制の転覆」を主張する左翼組織であれば、たとえ貧困救済の大義を掲げたところで、当時の大衆の共感を得ることはできなかったであろう。

右翼が掲げる「天皇主義」と「腐敗体制打倒」は、当時の日本人の心情に寄り添ったものだった。だが、こうした社会の空気が、テロリズムの頻発を招き寄せ、暴力を前にしては自由にものを言うことのできない不自由な社会体制をつくりあげることにもなっていく。

血盟団事件の2ヵ月後、5月15日に武装した海軍の青年将校らが総理大臣官邸に乱入し、内閣総理大臣犬養毅を暗殺した。俗にいう「五・一五事件」である。政党政治の腐敗と軍縮に対する青年将校の反発が背景にある。これは血盟団事件に続く「昭和維新」テロの第二弾とされた。

さらに翌33（昭和8）年、「愛国勤労党」など右翼団体を中心とするクーデター未遂事件（神兵隊事件）も起きる。これは閣僚・元老などの政界要人を暗殺、皇族中心の国家改造を行おうとしたものだったが、未然に発覚し、メンバーらが内乱罪で捕らえられた。

そして36年2月26日、陸軍青年将校らによる大規模クーデター事件「二・二六事件」が発生した。このときのスローガンも「昭和維新」である。

「皇道派」と呼ばれた青年将校たちは、クーデターによって議会政治を打倒し、天皇親政を実現すれば、身売りが相次ぐ農村の困窮も、貧富の差をはじめとする社会的不平等も、そして財閥と政界の腐敗も正すことができると信じた。

蹶起《けっき》将校らは岡田啓介内閣総理大臣、鈴木貫太郎侍従長、斎藤實内大臣、高橋是清大蔵大臣、渡辺錠太郎陸軍教育総監、牧野伸顕前内大臣などを襲撃、さらに総理大臣官邸、警視庁、内務大臣官邸、陸軍省、参謀本部、陸軍大臣官邸などを占拠した。首都中枢を掌握したクーデター部隊にとって、あとは天皇がこれを支持すれば「昭和維新」の成立である。

だが、その願いは、肝心の天皇に受け入れられることはなかった。天皇はクーデターの支持を拒否。これにより蹶起部隊は「反乱軍」とされ、「昭和維新」は未遂に終わった。将校たちは投降し、一部は自決。首謀者は銃殺刑に処された。

血盟団員のその後

暴力、テロ、クーデター。血盟団事件から二・二六事件に至るまでの「昭和維新」運動が、一般的にはこうした右翼のイメージをつくりあげた。

実は、現代の一部の右翼団体も、暴力を連想させるキナ臭いイメージを、必ずしも否定はしていない。

ある右翼団体幹部は「実際には困難だが」と前置きしたうえで、「一殺多生の精神は、右翼にとって最後の切り札だ」と述べた。手段としての暴力を示唆することで、右翼としての存在意義を見せつけているのだ。黒塗りの大型街宣車も、大音量で流される軍歌も、強面を演出する特攻服も、そこに連なる。

「恐怖を与えてこその右翼だ」。そう言い切った右翼活動家もいる。

血盟団事件の謀議の場となった茨城の「護国堂」を訪れる右翼関係者は今も少なくない。

サーフィンや海水浴で知られる大洗海岸の近く、磯浜なる地名が付いた場所に日蓮宗・東光山護国寺という寺がある。参道を進むと正面に見えるのが、井上ら血盟団メンバーが共同生活を送った護国堂だ。本堂の壁には血盟団員の写真が掲げられている。あどけない顔つきの、しかし、どこか決意を秘めた表情の青年たちの肖像が、額縁に収められている。

境内で目を見張るのは、井上日召の銅像と、その背後に建つ朱塗りの三重塔だ。これは、團琢磨を暗殺した菱沼五郎が建てたものだという。菱沼は戦後、小幡五朗と改名し、茨城県議となった。右翼活動に関わることはなかったというが、一時期は県議会議長も務め、県政の実力者として地元では知られた（90年没）。一方の小沼は戦後、「業界公論社」を起こし、出版人として生きる（78年没）。本堂に掲げられた血盟団員の写真は小沼が寄贈したものだ。いまは墓苑経営などで地域の人にも身近な存在となった「護国寺」だが、やはり血盟団員だった四元義隆によって建てられた「昭和維新烈士之墓」や、石碑に刻まれた「国家改造の実現を達成するには、敢えて斬奸の剣を把《と》り、一人一殺、一殺多生の非常手段に訴えるの他なしとして」という血盟団事件の説明などを目にすると、テロリストの亡霊がじわじわと迫ってくるかのような霊気のようなものを感じた。

なお、井上、菱沼、小沼の3人は無期懲役の判決を下されたが、40（昭和15）年には恩赦で減刑されて出所している。巨悪を憎み、貧困を憎み、天皇への忠誠を誓った青年たちは、この場所で語り、憤怒し、そして「一殺多生」の道を選んだ。大洗の波音を耳奥に収めながら、世の中を変えるためにはテロリズムしかないと思い込んだのだ。

だが、右翼とは本来の意味においては、必ずしも「暴力」とイコールの存在ではない。

日本の右翼の特徴

思想を「左翼」「右翼」という表現で左右に分けるのは、18世紀、革命直後のフランス議会から始まったというのが定説となっている。扇形の議場において、議長席から向かって右側に穏健派（保守派）の議員が陣取り、左側は急進派が占めたことが、右翼と左翼の語源となった。

日本の場合はどうか。

一般的に日本右翼の源流は江戸時代末期の「水戸学」にあるとされる。文字通り、水戸藩を出自とする学問で、儒学を基盤に神話や道徳を尊重し、身分や社会の安定を説くものだった。これは吉田松陰や西郷隆盛ら幕末の志士に大きな影響を与え、急進化していく。天皇を担ぎ出して幕藩体制の打倒を目指す「倒幕運動」の原動力ともなった。

「尊王攘夷」思想は、そこから生まれた。スローガンである王政復古、外国排斥は、それぞれ天皇制護持、排外主義と言い換えれば、現在の右翼にも通じるものがあるだろう。だが、これは現代の価値観で俯瞰した印象に過ぎない。

フランス議会における「右翼」は、王政を守らんとする守旧派、復古派によって成り立っていたが、日本の「尊王攘夷」は歴史の針を戻すことを目的とはしていない。倒幕を目的としていたのだから、むしろ当時としては急進的な革命派である。

右翼には、左翼のような教典がない。左翼には社会主義、共産主義という〝目的〟とすべき政治体制があり、マルクスの『資本論』をはじめとする〝教科書〟にも事欠かない。左翼は設計図と戦略をもって、社会主義に向けて階段を上っていく。ところが右翼はあるべき国の姿を設計する左翼のような政治的回路を持たない。具体的な設計図が存在しないのだ。

右翼はきわめて心情的なものである。一般には歴史と伝統を重んじた保守であり、異なる他者に対しては排他的で、復古主義であることが右翼だとされる。理念というよりは情念に近い思考だ。右翼思想がこだわるのは国と民族だ。風雪に耐え抜いてきた国と民族、それを支えてきた風土を守り抜くことこそが、概念としての右翼である。

だからこそ、国によって右翼の在り方には大きな差異がある。欧米では有色人種や移民の排撃をうたうネオナチが右翼の象徴的な姿であるし、南米やアジアでは富裕階級の利益を守る軍事独裁政権が右翼とされた。これらの姿形は様々で、目指すべきものも違うが、それでも共通するのが保守的、復古的、国粋的、そして「反左翼」であるという点だ。

日本右翼もまた同様だが、他国の右翼と異なっている点を挙げるとすれば、それはなによりも天皇の存在を唯一絶対のものとして規定してきたことだ。天皇の存在なくして日本の右翼はあり得ない。ネオナチには思想上の〝絶対君主〟は存在しないが、日本右翼は〝天皇あっての右翼〟なのである。

自由民権運動から生まれた

多くの資料・書籍が「日本初の右翼団体」と位置付けるのが、1881（明治14）年に福岡で結成された政治結社「玄洋社」である。

頭山満《とうやまみつる》、平岡浩太郎ら旧福岡藩士によって結成された玄洋社は、欧米列強の植民地主義に対抗し、国権の強化を唱える。日本はアジアの小国ではなく、世界の大国と堂々と渡り合うことのできる〝帝国〟なのだと訴えた。スローガンとして掲げたのは「皇室敬戴」「本国愛重」「人民権利固守」である。これだけで判断すれば、やはり現在の右翼にも似た価値観を見出すことはできるが、玄洋社はもうひとつ、大きな目標を掲げていた。

頭山満

それは「大アジア主義」である。

玄洋社の海外部門を担当するために設立された黒龍会はアジア全域に人員を送り込み、中国では孫文らの辛亥革命を積極的に支援した。西洋列強の植民地主義と対峙するには、アジアにおける民族自決が必要だと考えたからである。民族自決とは、他国からの干渉を排し、自らの意思で国家の方向性を決めることだ。アジア各国のナショナリズムを喚起させることで、植民地主義からわが身を守ろうとしたのである。

むろんそれは日本を盟主とすることを前提としたアジア主義ではあった。それは後に日本のアジア侵略の口実ともされるわけだが、欧米列強に蹂躙《じゅうりん》される当時のアジア各国からすれば、一縷《いちる》の希望としてとらえる向きもあった。玄洋社が唱えた「アジアの団結」は、強者から身を守るための弱者連合としてアジアの一部では受け入れられていく。

このあたりも、近隣国との対立を煽るだけの現代の一部右翼とは大きく違っている。少なくとも昨今、右派の主流にも位置づけられるネット右翼のように「嫌韓」「嫌中」といった意識で、アジア各国の文化までをも否定、排斥するようなことはなかった。

さらに注目すべき点がある。

玄洋社は明治の反政府運動である「自由民権運動」の流れの中で生まれた組織だという事実だ。一部の者たちによる権力独占を許さず、民衆の政治参加を求めた「自由民権運動」

は、実は、左右両翼の運動を育てた（当時の日本においては、まだ左右という区分けはなかった）。自由民権運動の思想を平易に表したものとしては「民権数え歌」が知られている。民権思想流布を目的に活用されたメッセージソングだ。歌詞の一部を拾い上げてみる——。

一つとせー、人の上には人ぞなき権利にかわりがないからは、コノ、人じゃもの
二つとせー、二つとはない我が命すてても自由のためならば、コノ、いとやせぬ
三つとせー、民権自由の世の中にまだ目のさめない人がある、コノ、あわれさよ
四つとせー、世の開けゆくそのはやさ親が子供におしえられ、コノ、かなしさよ
五つとせー、五つにわかれし五大州中にも亜細亜は半開化、コノ、かなしさよ
八つとせー、刃で人を殺すより政治で殺すがにくらしい、コノ、罪じゃぞえ

この歌は板垣退助らが創設した立志社（高知を拠点とする運動組織）の演説会などで歌われた。作詞は立志社の活動家、植木枝盛である。自由民権運動というものが、いまでいうところの「民主化」を目指したものであることがわかる。

玄洋社の総帥を務めた頭山満は若くして自由民権運動に身を投じた。頭山も高知に立志社を訪ねた際、蛮声をはりあげて「民権数え歌」をうたったという逸話が残っている。頭

山は自由民権の陣営内にいたフランス帰りでルソー研究家でもあった中江兆民とも親しかった。両者ともに清国の圧政と戦う同国の人民革命を支援し、欧米支配への抵抗を訴えていた。頭山が右翼の棟梁であれば、中江は左翼のボスである。民権獲得、アジア主義という点において、左右は自由民権運動の枠内で共存していたのである。

左右の明確な分裂

ただし明治も中期を過ぎると、左右はそれぞれ異なった道を歩んでいく。

左右をわけ隔てたのは国家へのスタンスである。左派は民衆の権利向上に運動の重きを置き、右派は国権向上（欧米に負けない強い国家づくり）に力点を置いた。つまり、優先されるべきは人権か、国家か、という違いである。

明治末期には、権利意識に目覚めた農民、労働者によって、小作争議、労働争議が頻発する。左翼はこれを支援し、一部は社会主義革命を目指すことになる。対して国権向上、すなわち強い国家を目指す右翼勢力は、社会主義を国家転覆の思想とみなし、これを弾圧する側にまわった。

大正時代に入ると、「反社会主義」を標榜する右翼団体が各地で産声を上げる。「赤化防止団」「大日本国粋会」「皇道義会」などが代表的な右翼団体だった。これら団体は各地で続発したストライキを実力（暴力）で粉砕した。だが、この頃はまだ、こうした右翼団体には「赤化防止」「反社会主義」以外のスローガンはなかった。右翼を名乗ることはあっても、実態は愚連隊に等しい。いわば企業の〝下請け暴力団〟的な色彩が強かった。

当時は大正デモクラシーの影響で、多くの人々が権利意識に芽生えた頃でもある。１９１７（大正６）年にはロシア革命が成功した。王族や富裕層が革命勢力によって駆逐されたことは、日本の支配層に大きな恐怖を与えている。政治家や企業経営者にとって、社会主義とは国家転覆に他ならなかった。となれば各地で頻発する労働争議、小作争議は、その前段である。体制維持のためには、これを弾圧しなければならない。

その先兵として利用されたのが、右翼団体だった。企業や地主に雇われたこれら右翼は、争議現場に殴り込みをかけた。支配層の暴力装置として、争議弾圧の先頭に立ったのだ。右翼がその思想性を明確に打ち出すようになるのは、昭和に入ってからである。

挙国一致の名のもとに

前述した「血盟団事件」から、テロリズムに代表される、右翼のイメージがつくられていく。「二・二六事件」以降、運動体としての右翼は、徐々に軍部に抑え込まれていく。「昭和維新」の大義が、自らの拠り所とする天皇から拒絶されたことのショックは大きかった。そして本来「反体制」であったはずの右翼はこれ以降、体制に取り込まれていく。右翼団体・政党は、1940（昭和15）年に近衛文麿内閣の要請に応じて大政翼賛会に組み込まれた。一部の右翼はこれに抵抗したが、左翼同様、弾圧の対象となる。

25（大正14）年に公布された治安維持法は、言論や結社の自由を制限し、主に社会主義者や労働運動の取り締まりのために機能した。だが、弾圧を受けたのは左派ばかりではなかった。同法は次第に適用範囲を広げ、宗教者や自由主義者、さらには国家体制に批判的な右翼も、その対象とされた。弾圧対象の〝本丸〟は日本共産党や無政府主義者ではあったが、同法に基づいた警察権力の捜査、監視行動は、あらゆる政治・宗教運動を萎縮させるには効果的だった。強面で鳴らした反共右翼でさえ、「警察や軍部に一喝されただけで尻尾を振った」と、後に赤尾敏《びん》（戦後、大日本愛国党初代総裁）も、辻演説ではそう述懐している。

余談になるが、その治安維持法を現代に蘇らせたような「共謀罪」（テロ等準備罪）が2017（平成29）年6月に国会で成立した際、愛国者を自称する者たちがネット上で一斉に「歓迎」の書き込みをしたことに、私は唖然とするしかなかった。国家という存在は強権を持ちえたとき、左右の区別なく気に入らないものを排除していくという歴史の教訓を知らないのだ。

腐敗を糾弾すべく発せられた「昭和維新」の掛け声も、権力の刃によって蹴散らされたも同然だった。

太平洋戦争がはじまると、もはや右翼も左翼もなかった。抵抗する者は獄に繫がれるだけである。あらゆる社会運動は「挙国一致」の掛け声に鼓舞され、戦時体制に組み込まれていく。社会主義者の多くも、赤旗を日の丸に持ち替えた。

日本社会全体が、もともと右翼が掲げていた「神話」に熱狂する。神国日本、神州不滅といったスローガンに人々は踊った。神州不滅（日本は神の国なので滅びるはずがない、という思想）は、かつて水戸学の根幹でもあった。神の国は戦争に負けてはいけなかった。いや、負けるはずがなかった。未来永劫、他国に屈することなどあるはずがなかった。

そして「敗戦」――。人々が信じていた神の国は、あっけなく滅んだ。国を危機から救う神風は吹かなかった。

天皇「人間宣言」の衝撃

敗戦直後、日本の地に降り立った米占領軍は、さっそく神国の徹底的な解体に着手する。

米国は天皇中心の国家観こそが、日本を無謀な戦争に向かわせた原動力であると見なしていた。

占領軍は、その権威を奪った。主権を、天皇でも国家でもなく国民に与えた。そして神の国を否定した。天皇制を支えてきた国家神道は、それまで国家の存在意義そのものであると同時に、日本右翼の原典ともいうべきものだった。右翼にとっては、その信仰を奪われ、息の根を止められたに等しい。

時期を同じくして天皇は「新日本建設に関する詔書」（いわゆる人間宣言）を発表。「朕ト爾等《なんじら》国民トノ間ノ紐帯ハ、終始相互ノ信頼ト敬愛トニ依リテ結バレ」たとして、自らが現《あら》人神《ひとがみ》であることを否定した。そもそも皇道に生きた右翼人にとって、天皇が自ら神格化を否定し、「人間宣言」を行ったのは、拠って立つべき思想を根源から覆されたも同然である。天皇が「人間」であっては、皇国の思想そのものが成り立たなくなる。

元来、右翼とは愛国的、国粋的、保守的な思想全般を通して形容される政治的な立ち位置を指す。自国の伝統と歴史を重んじ、秩序の安定を第一と考えるものだ。変化や多様性とは距離を置き、自国優位、自国絶対の右翼思想は、ときに排他的な形で差別主義に走ることもある。

日本の右翼が他国のそれと異なるのは、高天原《たかまがはら》の主宰神に連なる系譜としての天皇が存在し、その天皇を万物の中心に位置付けることで、国体を守り切るといった点にある。万世一系の天皇を絶対とする思想だ。天皇主義といってもよい。右翼は古くから「国体」という言葉を用いる。これは天皇を中心とした秩序を意味する。天皇あっての国家、国民という思考を守り続けることこそが、日本右翼の特徴だ。

しかし敗戦は、天皇を人間に戻すことで、そうした神話を解体した。日本国憲法では第1条において、「天皇は、日本国の象徴であり日本国民統合の象徴であって、この地位は、主権の存する日本国民の総意に基く」としている。天皇は国家を表すものではなく、少なくとも制度上は、シンボルとしての存在となったのだ。

皇国史観はなぜ崩れたか

GHQの占領政策は、さらに右翼を追い詰める。

敗戦から半月後、戦争責任の追及が始まった。まず、東条英機をはじめ、開戦時の閣僚らが戦犯として逮捕される。12月にはGHQが「神道指令」を発布、それまで政治と一体化していた国家神道が否定された。戦前まで神道を「国教」とし、国民統合の柱としてきた日本は、その柱を奪われた。政教分離である。現代の価値観にあっては当然のこの措置はしかし、前述した天皇信仰の基盤をひっくり返すものだった。国家神道こそが、天皇制を支える重要な役割を果たしていた。いわば、それまでの日本のあり方が完全に否定されたのである。

そのうえ、GHQは戦前日本の残滓《ざんし》たる右翼団体の息の根を止めるべく、46（昭和21）年1月に「或種ノ政党、政治的結社、協会及其他団体ノ廃止ノ件」なる指令を発表した。これは右翼団体の解散と、右翼人の公職追放（政府、団体、民間企業の要職につくことを禁じたもの）を指示したものだ。この措置によって、児玉誉士夫、大川周明、笹川良一、進藤一馬といった大物右翼が逮捕される。さらには大東塾、大日本一新会、大日本興亜同盟、大日本赤誠会、大日本言論報国会、玄洋社、黒龍会、国粋大衆党、東亜連盟、金鶏学院など主要右翼団体が次々と解散命令を受けた。

こうして、終戦まで国内に存在した約350の右翼団体の多くが消えることとなった。公職追放された右翼関係者も約4万9000人にのぼる。

天皇の名によって日本を戦争に導いた東条英機ら〝戦争指導者〟は極東国際軍事裁判（東京裁判）で戦争責任を断罪され、48年12月、巣鴨プリズンで処刑される。50（昭和25）年の朝鮮戦争を契機とする追放解除で右翼人の復活を見るまで、ここに戦前右翼の命脈は断ち切られたのであった。

いまの時代からみて不思議に思うのは、なぜ、あれほど強固に日本社会を縛っていた皇国史観が、あっけなく崩れてしまったか、ということだ。軍部はもとより、右翼の多くも、ほとんど無条件に敗戦と国家解体を受け入れたのである。

そうした転向、いや変節ともいうべきものの理由として考えられるのは、何よりも拠り所としていた天皇を失ったことにある。敗戦により、天皇の絶対的権威は失墜した。それまで右翼にとって天皇は唯一絶対の存在であり、日本を導く神であった。その天皇が敗戦を受け入れ、しかも自ら神であることを否定してしまったのだ。1946年に発布された昭和天皇「新日本建設に関する詔書」（人間宣言）では、次のように述べている。

〈天皇ヲ以テ現御神《あきつみかみ》トシ、且日本国民ヲ以テ他ノ民族ニ優越セル民族ニシテ、延《ひい》テ世界ヲ支配スベキ運命ヲ有ストノ架空ナル観念ニ基クモノニモ非ズ〉

つまり、天皇が現人神であり、日本人こそが他の民族に優越して世界を支配する運命を持つ、などという観念は絵空事であるとしたのだ。もちろん文章自体はGHQの原案に沿ったものであり、しかも天皇を戦争責任から遠ざける意図があったともされているが、いずれにせよ天皇が自ら神の座を降りてしまった意味は大きい。右翼は「支え」も「大義」も失ってしまったことになる。それは自我の崩壊に等しい。右翼が右翼であることの意味をなくした。

ちなみに大物右翼として知られた津久井龍雄（戦前は国家社会主義者として愛国勤労党、急進愛国党の創設に関わり、戦後も大日本愛国党の結成に参加した）は、89（平成元）年にジャーナリスト猪野健治の取材に応え、「右翼運動というのはこの前の戦争で終わった」としたうえで、こう語っている。

〈当時（引用者注＝戦前を指す）、ぼくらの周囲の革新的な考え方は、天皇を革新に利用するといったら語弊があるけれども、天皇を中心にして、天皇のご意志というものは資本主義的なものではないということで、社会主義を天皇によって肯定し、天皇によってそういう運動を起こそうというのが昭和維新の思想だった〉

〈しかしこれは完全に失敗したとぼくは見ています。ぼくは失敗したんだからこれを二度とやろうという気はまったくないし、またやっても失敗だろう〉

津久井を取材した猪野は〈晩年にはすっかり〝右翼絶望派〟になっていた〉と書く（以上は猪野の著作『日本の右翼』〈ちくま文庫〉より）。

戦後の一時期は右翼の再建に賭けた津久井でさえ、その失敗を認め、そもそも「右翼は終わった」と総括せざるを得ない状況が敗戦時にあった。

だが——それでも素直にそれを受け入れることのできない者たちもいた。

第一章では、そこで生まれた「物語」から進めていきたい。

第一章　消えゆく戦前右翼

戦時中、多くの右翼は国家権力に取り込まれた。反体制としての機能は失われ、敵であったはずの財閥と結託する者までいた。かつては右翼にとって「腐敗体制」の象徴だった財閥も、戦時中は軍事産業として、あるいは植民地経営の実務者として、軍部とは密接な関係を築いている。国家の重要なパートナーである財閥に敵対できるわけがない。戦争遂行のためには相互依存の関係でいくしかなかった。

万民平等を目指した「昭和維新」の夢は戦争とともに潰えたのである。戦前の一時期まで右翼が主張していた「アジア主義」の思想は近隣諸国への侵略のために援用され、大東亜共栄圏なる日本型の植民地主義へと変容した。右翼は権力の補完勢力でしかなく、その存在は大きな意味を持たなかった。

第二次世界大戦の「終戦」は、右翼にとっての試金石となった。

「神州不滅」の日本が敗れたのである。国の敗北は、唯一絶対神である天皇の敗北を意味する。右翼にとっては自我が崩壊したに等しい。

だが、右翼の多くは沈黙した。これを受け入れた。当時の多くの右翼が考えたのは抵抗することではなく、新時代を乗り切る、生きていくための手段だった。

そうしたなか、わずかではあったが、「終戦」に抵抗した右翼がいた。彼らは日本の敗北を認めなかった。いや、皇国日本に敗北などあってはならなかった。戦争の継続を主張し、それを暴力に訴えた。灯滅せんとして光を増す、一瞬の火の手は、まず東京から上がった。

降伏反対・徹底抗戦

1945（昭和20）年8月15日、終戦に反対する「尊攘同志会」のメンバーが「重臣暗殺」のために蹶起した。彼らは日本刀、拳銃、手榴弾で武装し、木戸幸一内務大臣の邸宅、木戸の実弟宅などに押し入るが、いずれも失敗。期待していた抗戦派軍人の支援もなく、メンバー12人は愛宕山（東京都港区）に籠城した。

敗戦の前年、44年に結成された「尊攘同志会」は、国家主義運動の活動家・飯島与志雄をリーダーとする右翼団体で、戦争終結に向かう政府に対して「降伏反対、徹底抗戦」を主張していた。警視庁は約70名の警官隊を動員し、愛宕山を包囲、投降を呼びかけたが、メンバーらはそれを拒否。22日午後、ついに警官隊は愛宕山に突入する。「事ここに至った不忠の罪を死を以って謝し奉らん」。彼らは「天皇陛下万歳」を唱えた後、互いに手榴弾を投げ合い、10人が爆死。さらにその5日後、自決者の夫人ら3名が、同じ愛宕山で拳銃を用いて後追いの自決を遂げたのだった。俗にいう「愛宕山事件」である。

これに連動して、西日本でも武装蜂起の狼煙が上がった。

「松江騒擾《そうじょう》事件」（または島根県庁焼き討ち事件ともいわれる）だ。やはり徹底抗戦を主張する右翼団体「皇国義勇軍」によって、松江（島根県）の街が焼き討ちにあった。「愛宕山事件」の9日後に起きた事件だ。

事件の生き証人を求めて私が足を運んだのは北九州（福岡県）である。

「小倉のぎおんさん」として知られる八坂神社は、2017（平成29）年、創建400年を迎えた。小倉城内に鎮座するこの神社は、小倉藩主細川忠興が1617（元和3）年に小倉藩の総鎮守としてつくったもので、観光名所として人気も高い。

同神社第20代の宮司を務めるのは波多野安彦。この人物こそ「松江騒擾事件」を起こした「皇国義勇軍」の中心メンバーだった。

歴史の生き証人である波多野には、どうしても会っておきたかった。だが、あいにく波多野は病床にあった。93歳という高齢で、最近も2度目の脳梗塞を発したばかりだという。

「残念ながら取材に応じられる状態ではないんです」

申し訳ないと何度も頭を下げたのは波多野の次男で同神社の禰宜《ねぎ》を務める和伴（62歳）である。せっかく訪ねてきたのだからと事務所の応接室に通し、茶を供す和伴の誠実そうな人柄に私も恐縮するしかなかった。

和伴によると、波多野が八坂神社を任されるようになったのは12年前からだという。波多野家は先祖代々、出雲の幡屋《はたや》神社で宮司を務めてきた家系だ。波多野自身は一時期、産業廃棄物処理の会社などを経営していたが、80歳にして神官となった。和伴は「皇国の気持ちを表すには神職しかなかったのでしょう」と父親の気持ちを代弁する。

戦後生まれの和伴は、「松江騒擾事件」について詳しくは知らなかった。

「父から直接に聞いた覚えはないんです。正直、若いときはどこの家でもそうであるように、父との間に距離感がありました。松江で大暴れしたという事件については周囲の人からそれとなく知らされたことはありますが、さほどの興味もありませんでした」

もしかしたら広島に在住の長兄が自分よりも詳しいのでは、との言葉に従い、私は波多野の長男が住む広島に向かった。

軍の蹶起は期待できない

ここで「松江騒擾事件」の詳細に触れておきたい。

1945（昭和20）年8月24日未明、松江市内の城山護国神社に青年男女46人が集結した。9日前に失敗に終わった「愛宕山事件」に無念の涙を流した者たちである。男性はカーキ色の国民服、女性はモンペに白鉢巻姿だった。彼らはその日、自らを「皇国義勇軍」と名付け、反乱の鬨《とき》の声を上げた。

首謀者は岡崎功という人物だ。地元出身の岡崎は満州の三井物産奉天支店に勤めた後に上京、43年、立正大学専門部に入学すると同時に国家主義団体「勤皇まことむすび」（五・一五事件の関係者によって39年に結成）に入会する。〝まことむすび〟とは、天皇と国民が結ばれる、といった意味を持つ。

熱烈な愛国者で「国家革新、昭和維新の達成」は岡崎の夢であり目標であった。戦中の43年には戦況傾くなか、聖戦遂行の立場から「打倒東条」のクーデター計画を練り、それを察知した東京憲兵隊に逮捕されてもいる。終戦前年に釈放され松江に帰郷するも、志は変わらなかった。旧知の軍人からの情報により、政府の終戦工作を察知した岡崎は、地元の同志で、当時、市内の武内神社に仕官し、「勤皇まことむすび」にも入会経験を持つ波多野らと「一斉蜂起」の話し合いを重ねていた。以来、蹶起当日まで波多野は岡崎の側近の一人として行動をともにするのである。

終戦から2日後の8月17日、突如、松江上空に飛来した日本の海軍機がビラをまいた。

〈終戦は天皇のご意志ではなく、一部の反戦分子、親米派の陰謀である。われわれは君側の奸を一掃し断固抗戦を続ける。国民諸君も奮起されたい〉

そう記されたビラを手にした岡崎らは、蜂起の決意を固める。軍がともに立つことを信じたのだ。

ところが、当てにしていた軍に反乱の動きはまったく見られない。松江上空からビラをまいた海軍機が所属する航空隊美保基地（米子市）を訪ねても、もぬけの殻。さらには松江の憲兵隊を訪ね、旧知の責任者に武器弾薬を融通してくれと頼み込んだが、「渡せるわけがない」と拒否される始末だった。この責任者は、少し前まで「時が来たならばともに起《た》とう」と誓い合った仲でもあった。わずか数日で蜂起の熱も冷めてしまったのである。

武器が手に入らない

軍の協力は得られないと悟った岡崎は、民間の同志だけで蹶起すべく腹を固めた。

当日、月明かりだけを頼りに城山護国神社に集まった皇国義勇軍は、隊長の岡崎が最年長の26歳、波多野をはじめ多くが20歳前後だった。若き熱情だけが先走りした無謀な蹶起であり、満足な武装もできていない。日本刀を3本、ダイナマイト5本、直前に松江中学の銃器庫から奪った三八式歩兵銃と銃剣がそれぞれ15丁。しかも弾薬はなかった。

暗闇の境内で岡崎が演説を行った。

「死に立ち向かうわれわれの心中も後世日本の復興のよすがとなるに違いない。成敗利潤はわれらの問うところではない。ただただ日本の捨て石となって全国民の蹶起をうながしたい一念であるばかりだ。今私と共に行けば目前に死があり、去れば生がある。生き延びて祖国の再建につくそうと思う人は私にかまわず、直ちに父母のもとへ帰ってほしい」

隊員の間からすすり泣く声が聞こえた。だが誰一人としてその場を去る者はいなかった。

当時の記録によれば、岡崎が立てた計画は、①県知事の暗殺、②県庁への放火、③郵便局の電話施設の破壊、④島根新聞社への襲撃、⑤電力施設の破壊、⑥松江地検検事正の暗殺、⑦日本放送協会（現在のＮＨＫ）松江放送局の占拠、総蹶起を促す放送の強行――というものだった。岡崎は隊員を襲撃目標別に編成し、それぞれが未明の街へ散った。

ハプニングが続出

まず波多野が向かったのは市内はずれの火薬店。ここで銃弾を強奪してから県庁に駆け付け、襲撃に加わる予定だった。ところが、もたもたと火薬店を探している間に、県庁から火の手が上がってしまった。夜空に映る炎のせいで、人々が戸外に飛び出してくる。もはや火薬店に押し入るタイミングを逸したと判断した波多野は、銃弾強奪を断念。そのまま最終襲撃地点である松江放送局に向かった。国民総蹶起を促す計画でありながら綿密な下見すらしていなかったわけだが、もともとは寄せ集めの急ごしらえ。一事が万事、予定外、予想外の事態に直面した。

ダイナマイトを抱えて郵便局に押し入った部隊は、電話施設を爆破することになっていたが、導火線の火が途中で消えてしまうというハプニングに見舞われ、計画は文字通りの不発に終わる。一方、岡崎が率いる知事暗殺部隊は公舎になだれこんだが、なんと未明にして知事が不在。予定時間よりも早く県庁に火が放たれてしまったために、報告を受けた知事は県庁に向かってしまったのだ。実は放火部隊は県庁敷地に入ったところを警察官に目撃されてしまった。そこで一刻の猶予もないと判断し、予定時刻を繰り上げて火を放ったのだ。これによって各部隊の決行タイミングにも狂いが生じたというわけである。

ハプニングは悲劇にもつながる。県庁焼き討ちに成功したものの、放火部隊は県庁から引き上げる途中で、近くの茶店従業員とばったり出くわしてしまった。従業員は県庁の火事に驚き、様子を見にきたのである。暗闇から不意に人が現れたことに動揺した部隊のひとりは、思わず銃剣で従業員の腹を突いてしまった。ちぐはぐな蹶起のなかで唯一の死者が、何の罪もないこの男性であった。

警察署内での〝自決〟

松江地検襲撃部隊も県庁からのぼる炎を見て知事暗殺の機会を失ったと考え、襲撃を諦める。それ以外の部隊は、ほぼ計画通りに作戦を実行した。電力会社襲撃犯は変電所の送電ケーブルを切断し、市内を3時間半にわたって停電させた。島根新聞社襲撃部隊は社内になだれこむと、まずは植字場の活字箱をひっくり返し、さらに輪転機を破壊した。これによって島根新聞は8月31日までタブロイド判での発行を強いられることとなる。

そしてそれぞれの部隊は、最終目標地点である松江放送局に集結したのだった。

同局では、岡崎が「蹶起趣意書」の放送を局長に迫った。だが、局長は認めない。押し問答をしているうちに、武装警官と松江連隊の兵士が駆け付け、放送局を包囲した。襲撃隊と鎮圧部隊、双方は睨みあいを続ける中、松江署の特高課長が妥協案を提示した。

「岡崎さんひとりに責任を取ってもらい、その他のメンバーはなにもなかったことにして解放するという条件でどうか」

岡崎はこれを飲んだ。岡崎はこのとき、すでに自決の覚悟を決めていた。

全隊員が警察署に護送され、まずは岡崎だけが別室で取り調べを受けた。ところが、ここにきて特高課長が前言を翻したのである。

「やはり全員を取り調べ、罪に問うこととする。それが検事正の方針だ」

岡崎はこれに猛抗議するも、すでに決定したことであるとの理由で覆らない。

岡崎は署内で待機している同志たちのもとへ戻ると、隠し持っていた短刀を自らの腹に突き立てた。さらに頸動脈をも突き、その場に崩れ落ちた。警察官が慌てて駆け寄るも、日本刀を手にした波多野がそれを制したという。床には血があふれ、同志たちは号泣した。

しかし処置が早かったのか、松江日赤病院に搬送された岡崎は一命をとりとめた。この事件によって、岡崎、波多野ら主要メンバー15人が起訴された。最終的に下された審判は首謀者の岡崎に無期懲役、波多野には懲役10年というものだった——以上が蹶起の顚末である。

それぞれ刑に服した隊員たちだが、実は全員が刑期なかばの52年には出所している。日本国憲法発布などの恩赦により、大幅な減刑が発せられたためだ。

「血盟団事件」の際もそうだったが、日本の司法は概して右翼テロに寛容である。国家権力との〝距離感〟が、そうさせるのであろうか。

戦後初期の右翼として

広島市内のホテルで落ち合った波多野明邦（65歳）は、八坂神社の実弟同様、腰の低い紳士然とした人物だった。地元の建設会社で役員を務めている。

——若いころの父親の記憶はありますか？

私の問いに対し、明邦は「まあ、右翼そのものでしたよ」と苦笑した。

明邦が生まれたのは波多野が出所したその年である。物心ついたときから、自宅の敷地内には日の丸を立てた軍用ジープが置かれていた。波多野は戦後、行動右翼の道に進んでいた。一般的に「行動右翼」とは街宣車などを用いて政治的主張を流布し、ときに暴力的な言動で、対立する左派などを威嚇する右翼集団を指す。皇道右翼・街宣右翼と呼ばれることもある。

「松江の事件で服役しても、まだ燃え尽きていなかったのでしょう。果たすことのできなかった維新を追いかけているような感じがしました。若いころ、健康診断で引っかかって兵役検査に落とされたことも影響しているのかもしれません。兵隊として国のために役立ちたかったという思いや悔しさが、右翼活動に向かわせたのかなあとも思います」

出所後の波多野が最初に所属したのは右翼団体「護国団」である。これは血盟団事件の首謀者である井上日召、浜口雄幸総理襲撃事件の佐郷屋《さごうや》留雄《とめお》らによって54（昭和29）年に結成された。その後、「護国団」は分裂して「日本同盟」がつくられ、波多野はそこに移籍する。

「ウチの親父は佐郷屋さんに心酔していました。東京にも通い、何度も佐郷屋さんと会っていたようですよ」

佐郷屋は浜口襲撃事件で死刑判決を受けるも、恩赦によって無期懲役に減刑されている。そして太平洋戦争開戦前年の40年に仮出所した。戦後は公職追放となるが、「護国団」設立以降はふたたび右翼の道を突き進み、59年には児玉誉士夫とともに右翼団体の全国組織「全日本愛国者団体会議」（全愛会議）を結成、初代議長に就任した。

波多野は「護国団」「日本同盟」双方の島根県本部長を名乗り、松江を拠点に活動した。

「家には常にコワモテの取り巻きが集まっていました。ヤクザの親分みたいなもんでしたねえ、親父は。日教組大会に突っ込んで逮捕されたり、8月6日の原爆忌には広島に遠征し、左翼団体相手に暴れていました。まぁ、息子の私にも何をしている人なのかよくわからないところがあった」

ただし、不思議と息子たちに「愛国」を強いることはなかったという。

「怖い父親ではあったけれど、右翼教育みたいなものは一切ありませんでした。右翼になれと言われたこともないし、松江の事件にしても、直接に話を聞いたことはほとんどありません。事件の概要に関しては取り巻きの人からこっそり教えられた程度です。もちろん、私もそんな話に少しの興味もなかったというのが本音です。父親に対する反発みたいなものもありましたから、右翼思想に染まることもなかった」

結局、波多野は50歳にして行動右翼から足を洗った。活動中の逮捕が重なり、疲れがたまったのではないかと明邦は推測する。本章の冒頭でも触れたように、その後は、産業廃棄物処理会社の経営を経て八坂神社の宮司に収まった。

ところで、リーダーだった岡崎との付き合いは戦後も続いたのか。私がそう訊ねると、明邦は「いや、それはないですね」と即答した。

「詳しくは聞いていませんが、親父が岡崎さんとケンカ別れしたのは間違いないと思います。出所後、二人が歩んできた道はまったく違うものでした。親父はあくまでも右翼にこだわり、直情的にその道を進んだ。一方、岡崎さんは学校を設立し、教育者として知られるようになります。もちろん岡崎さんも〝右翼教育者〟などと呼ばれてはいましたが、親父から言わせれば『行動しない右翼』だった。一方、岡崎さんの側からすれば、街宣車で暴れまわるだけの行動右翼など、近づきたくもなかったのかもしれません」

どちらも右翼を捨てたわけではなかった。だが、戦後という時間が、二人を隔てた。一人は「街宣右翼」という戦後右翼の王道を行き、もう一人は「教育者」として右翼の思想を伝え続けたのである。

建学の精神に教育勅語を

松江市の中心部から車で20分ほど離れた山間部に、目指す学校はあった。立正大学淞南《しょうなん》高等学校。山陰地方唯一の大学附属校であり、サッカーファンにとっては、全国高校サッカーの強豪校として知られる。元サッカー日本代表の岡野雅行の母校でもある。経営するのは学校法人淞南学園で、61（昭和36）年に淞南高校として設立された。70年に日本大学の準附属高校となり松江日本大学高校と改称。その後、日大との提携が解消され、2001（平成13）年から立正大学の傘下となっている。

その淞南学園の創立者が、「松江騒擾事件」のリーダーだった岡崎功である。岡崎は出所後、一時期こそ右翼運動に参加したが、すぐに身を引き、この淞南学園を開校させた。

建学の精神として掲げたのは教育勅語だ。街頭で勇ましく吠えるよりも、子どもたちに「愛国」を叩きこむことこそが重要であると考えたのであった。

山の麓から急坂を登り切ったところに校舎があった。これでは毎日の通学も大変だろうと思ったら、ほとんどの生徒が敷地内の寮で暮らしているという。

校舎を素通りし、グラウンドを見下ろす小高い丘の上を進むと、スクールバスの駐車場がある。さらにその先、草木に覆われた一角に、石碑が立っていた。人の高さほどの石碑には大きく白文字で「三島由紀夫・森田必勝　烈士　顕彰碑」と記されている。石碑を支える台座にも、「誠」「維新」「憂国」「改憲」の文字が刻まれている。

碑が建立された経緯は、岡崎の著書（『西郷隆盛・言志録』新人物往来社）に記されている。

同書によると――三島由紀夫らが陸上自衛隊市ヶ谷駐屯地に乱入した「三島事件」（1970年）が起きた直後の朝、廊下に整列した生徒が岡崎を迎えた。3人の生徒が前に進み出て岡崎に訴えた。

〈生徒を代表してお願いがあります。三島由紀夫先生の憂国の至情に僕達は感動致しまし

淞南高校にある顕彰碑

たので、顕彰碑を建てたいと思います。それで学校側にも協力をお願いします〉

岡崎が承諾すると、生徒たちはその日のうちに募金をかき集めた。太いロープを買って裏山から大きな自然石を掘り出したという。碑文もすべて生徒たちがタガネで刻んだ。愛国烈士の碑にしては、いまひとつ幼さの残る揮毫となっているのも、高校生自らの手によるものであれば仕方ない。岡崎に言わせれば、これは「誠心と汗の結晶」であった。

翌71年からは、三島事件の起きた11月25日は「三島由紀夫顕彰の日」として定められ、顕彰碑の前で学校行事として追悼式が行われるようになった。三島由紀夫の「顕彰碑」を敷地内に持つ高校は、おそらく全国でもここだけだろう。生徒自ら憂国の情を訴えるとは、まさに岡崎の〝教育効果〟である。

天皇を愛する子どもたち

同校の特徴は、徹底した愛国教育にあった。毎朝の朝礼は宮城遥拝に始まり、君が代斉唱、教育勅語朗誦、国旗掲揚と続いた。教室にも教育勅語が掲げられ、全校生徒が岡崎の先導で祝詞《のりと》をあげる儀式も月に2回、設けられていたという。日本史の教科書「国史」も、岡崎が執筆したものを使っていた。

ノンフィクション作家の林雅行は、80年代にこの学校を取材し『天皇を愛する子どもたち』（青木書店）を著している。同書によれば、当時の「国史」には「島根騒擾事件」について以下のように記されていた。

〈混乱と絶望と虚脱が日本の全土を覆うている時、心ある小数憂国の士はあるいは自決して邦家の敗北に殉じ、あるいは蹶起して狂瀾を既倒に回《かえ》さんとした。何《いず》れも国を思い、民族の前途を憂うる至情の迸《ほとばし》りであった〉

過去は美しく描かれる。岡崎が血に染まった蹶起の記憶を引きずり、戦いの場を教育に移行させたことだけは理解できた。その岡崎は2006（平成18）年、85歳で鬼籍に入った。

同校を訪れた2017年当時、学校側はメディアの取材に神経質になっていた。森友学園問題が大きく報じられて以降、教育勅語朗誦の〝先輩校〟として取材が相次いだためだ。

「どうも森友学園と同じように見られてしまっているようで、困っているんです」

そう言って表情を険しくしたのは教頭の上川慎二だった。

同校では01年に岡崎が高齢を理由に学校経営から退いて以降、かつてのような「愛国教育」からは脱している。関係者によれば、後継者となった岡崎の親族は「右翼的な教育だと少子化時代に生徒が集まらない」として、岡崎カラーの排除に努めたという。

「いまでは教育勅語を生徒に朗誦させるようなことはしていません。生活指導には力を入れていますが、かつてのような愛国教育と呼ばれるようなカリキュラムもありません」

当然、三島を「顕彰」する行事もないし、宮城遥拝もおこなわない。同校のホームページから伝わってくるのは、サッカーと野球に力を入れた学校、というイメージくらいのものである。つまり「普通の高校」になったということだ。

岡崎が抱いた「右翼」は、もはや生きていない。自らの寿命を以って、岡崎の「戦後」はようやく終わりを告げたのである。

愛国労働組合

無謀な蹶起とは別に、悲劇があったことも記録しておかなければならない。

大長寺は府中（東京都）の市街地を外れ、多磨霊園の外周をぐるりと回り込んだ場所にあった。境内を入ってすぐ右側に人の丈を超える大きな石碑があった。

〈明朗会十二烈士忠魂之碑〉——と大きく刻まれている。その横には「十二烈士」の遺骨が納められた質素な墓が並んで立っていた。

「お参りですか?」。背後から声をかけられ、振り向いてみると上品そうな女性が軽く頭を下げていた。この寺の住職の夫人だという。

「普段はあまり訪ねる人もいないものですから」

小鳥のさえずり以外何も聞こえない静かな境内に、夫人の控えめな声が穏やかに響いた。

大長寺は400年近くの歴史を持つ日蓮宗の寺院で、もともとは麻布(東京都港区)に建立されたものだという。しかし1964(昭和39)年の東京五輪に伴う道路拡張工事によって、石碑とともに現在の地に移転している。

「毎年8月23日になるとご遺族の方がお参りに来るんですよ。とは申しましても、いまではわざわざ足を運ばれるご遺族も少なくなりました。あれから70年以上が経っているのですからねえ。みなさん、相当にご高齢ですし」

年月は歴史を風化させていく。だが、歴史は風化しても事実は消えない。

12人の自決者を出した「明朗会事件」は、終戦直後の日本に暗い記憶を植え付けた。これもまた、戦前右派勢力のあるべき決着の付け方のひとつではあった。

日本屈指の船舶会社、日本郵船のなかで「明朗会」が結成されたのは1935(昭和10)

年。外形的には高等商船学校出身者を中心とした高級船員による従業員組合だった。

当時、海上労働者の組合としては日本海員組合が最大手であったが、明朗会はこれを「赤化組合」＝共産主義によって国家を解体に導く労働組合だと捉え、国体護持をスローガンに新組織を発足させたのである。いわば「愛国労働組合」だ。ただし設立当初は正式な労働組合としては認められず、会社側からは一種の親睦組織と受けとめられていた。

労働運動よりも愛国運動に力点を置いていたこともあり、一般的な労働組合とは違い、労働者の利益や福祉を求めた活動には熱心ではなかった。活動の多くは国体護持の学習会や読書会に割かれ、組合員は労働者の権利よりも皇国臣民としての義務を学んでいた。もっとも、会社に対して常に従順であったわけではない。国体護持の大義のためには、ときに先鋭的に会社と対決したこともある。

自社の祝旗不掲揚に猛抗議

たとえば37年2月の「倫理争議」と呼ばれるストライキが典型例である。これは前年に神戸で行われた観艦式の際、日本郵船の船舶5隻が、天皇の乗艦する御召艦に対して祝旗掲揚を行わなかったことに抗議するものだった。当時、国家主義の旗振り役を務めた東京朝日新聞は、この争議を支持するスタンスで次のような記事を掲載している。

〈日本郵船会社の不当に対し高級船員が争議、東西呼応して百余名が籠城し要求書（引用者注＝祝旗掲揚を行わなかった不敬に対する陳謝など）を大谷社長に出して、日本主義を基調とする指導精神確立を要望する〉（1937年3月1日付）

明朗会所属の船員らは抗議のために各地で下船し、各船舶は出航できずに停船したままとなった。結局、このストライキに会社側が折れて要求書を受け入れることになった。明朗会はこれをきっかけに会社側から正規の交渉団体として認められることにもなり、正式に労働組合としての地位も勝ち取った。待遇や権利ではなく臣民としての〝倫理〟を求めた、戦前とはいえ特異な労働運動であった。

「倫理争議」は知れ渡り、海員組合を脱退して明朗会に参加する者が増えた。最盛期には4000人もの会員を擁したという。だが、皇道思想に基づいた学習会中心の活動に、やはり労働者からは不満も噴出する。「労働者の利益擁護がなおざりになっている」といった批判が広がり、脱退者が相次いだ。太平洋戦争開戦時には800名ほどに減少している。

「一死以って、天壌無窮を祈願す」

終戦時、明朗会会員は350名にまで減少していた。それでも同会に残っていた者は天皇を唯一絶対とする〝神国日本〟の皇道思想を捨てることなく、全身にそれを刻印した生粋の日本主義者であったといえよう。彼らにとって日本の敗戦は、絶対に負けることのないと信じた日本の終焉であり、そこに自らの生を存続させる価値を見出すこともできなかった。日本の終わりは、自らの終わりでもあったのだ。

敗戦から間もない8月23日。この日、東京は大雨に見舞われた。

明朗会会員12名は2列縦隊に並び、皇居に向けて行進した。先頭に立っていたのは同会会長の日比《ひび》和一《かずいち》である。日比は東京商船学校の出身で、日本郵船では明朗会結成の中心人物のひとりであった。前述した「倫理争議」は日比の指示でおこなわれている。

日比は国粋主義者の海軍軍人として知られた井上清純《きよずみ》（終戦時は貴族院議員）の影響を受け、戦時中も皇道精神鼓舞を目的とした学習会を率いていた。だが、戦局が悪化して以降は講話中にも暗然とした表情で涙を流すなど、思いつめた様子が見て取れたという。彼の愛した皇道日本が追い詰められていくなかで、自決の腹を固めていったに違いない。

彼だけではない。明朗会会員たちは、祖国とともに散ることを自らに課していた。万世一系かつ神聖不可侵の天皇が統治する日本以外に、彼らの生きる場所はなかった。それこそが皇国思想だ。皇道日本は自らの肉体そのものだった。

その日、日比を先頭とした隊列は皇居前で「宮城遥拝」をした後、それぞれが短刀で割腹、さらには喉を突き刺して自害した。これを見届けた日比だけが、最後に拳銃で自らの頭を撃ち抜いた。集団自決の現場には「一死以って、天壌無窮を祈願す」と記された遺書と、埋葬料５０００円が残されていた。

自決者のなかにはただひとり、女性も含まれていた。明朗会の事務員を務めていた鬼頭静子である。彼女は日本郵船の社員ではなかったが、明朗会の活動を知って共鳴、自ら事務の仕事を志願した。自決前、明朗会の会員が「あなたは母上のもとに帰りなさい」と帰郷を促したが、彼女は「最後まで行動を共にします」といってきかなかったという。

自決者全員の遺体は当時麻布にあった大長寺に埋葬された。同寺が井上清純の菩提寺だったことによる。

現在、多摩の地に移った大長寺の石碑には、12名全員の名前が刻まれている。日比を除けば、いずれも20代から30代の若者ばかりだ。彼らに「戦後」はなかった。いや、皇道を歩む者にとって「戦後」は必要でなかった。

天皇イズムがもたらした狂気であり、もっとも純粋な形での戦前の右翼思想の実践だった。終戦の詔書とともに、理想も肉体も散華するほかなかったのは、彼ら彼女らが皇道思想にあまりにも忠実だったから、ともいえよう。

代々木公園の秘められた歴史

東京ドーム11個分ほどの広さを持つ代々木公園は、都心部最大規模の公園である。週末ともなればフリーマーケットや食フェスでにぎわい、平和な光景を映し出す。メーデーや、反原発など各種運動団体の集会場として使われることも多い。

この場所が、戦前までは軍が管理する代々木練兵場だったことは、もはや知る人も少なくなった。桑畑が広がる土地を陸軍省が練兵場として開設したのは１９０９（明治42）年だった。戦後の一時期は米軍に接収され、軍の兵舎・家族用居住宿舎（通称ワシントンハイツ）が置かれた。

ワシントンハイツは比較的出入りが自由だったので、近所に住む日本人の少年たちが草野球を楽しむ場所としても利用された。そのなかから生まれた少年野球チームのひとつに「ジャニーズ」があった。監督として指導していたのは、やはり近所に住むジョン・ヒロム・キタガワという米国帰りの日本人で、後にジャニー喜多川を名乗り、少年野球チームから始まった「ジャニーズ」を日本有数の芸能事務所に育て上げることになる。

代々木公園の歴史を紐解いてみれば思わぬ発見もあるのだが、積み重なった時代のひだには、鮮血に彩られた記憶も含まれている。

練兵場の時代、敷地の南端には陸軍刑務所が置かれていた。１９３６（昭和11）年に二・

二六事件が起きた際には、北一輝をはじめとする首謀者15名がここに収容され、裁判後、銃殺されている。そして敗戦直後、国家主義団体・大東塾の塾生ら14名が、この地で自害して果てた。やはり、彼らは「戦後」を生きることを拒否した者たちだった。

大東塾が設立されたのはノモンハン事件の起きた1939年のことだ。神兵隊事件（右翼によるクーデター計画）によって検挙された影山正治が、母校・國學院大學の学生を中心に集めた私塾「維新寮」を、東方の大国を意味する〝大東〟を用いた「大東塾」と改称したことに始まる。「大東塾」には林房雄や尾崎士郎といった戦前を代表する作家も客員として名を連ねた。

塾生らは共同生活を送りながら天皇親政国家を目指す「昭和維新」の理想に燃えたが、塾長の影山は40（昭和15）年に「七・五事件」（米内光政首相らの暗殺計画）、41年には「東条批判文書事件」（対米英戦争に反対し、東条内閣を批判する文書を発表したもの）でそれぞれ検挙されるなど、平坦とは言えぬ道を歩んだ。終戦の前年には召集され、中国大陸を転戦。帰還船で佐世保に到着したのは、塾生の自決から8ヵ月あまり後の46年5月になってからである。

代々木公園内には「十四烈士自刃之処」の碑がひっそりと建っている。建碑に当たっては事件後に採取した血染めの砂が碑の下に収められたという。

「皇魂誓つて無窮に皇城を守らむ」

敗戦の前日（8月14日）、東条英機とも親しい三浦義一（右翼活動家。戦後は財界フィクサーとして活躍）からの情報で、御前会議において「終戦の聖断」が決定されたことを知った大東塾の塾生のひとりは次のようなメモを残した。

〈死か蹶起の二途あるのみ〉

以下、『大東塾三十年史』（大東塾出版部）の記述に沿って、決行までの日を追ってみる。

翌15日正午、塾生らはラジオを神前に置き、玉音放送に耳を傾けた。「慟哭」とだけ記録に残されている。16日。塾生らによる会議が開かれる。出征中の影山正治に代わって、場を仕切ったのは影山の父、庄平だった。庄平は塾顧問の地位にあり、影山不在中は塾長代行を務めていた。

今後、いかなる道を選ぶか——自決論と蹶起論が激しくぶつかった。国に殉ずるべきか、武装蜂起して国を戦争継続の道に導くべきか。議論は続いた。一同の議論を制するかのように庄平は「塾一統を代表して自分だけが腹を切つて陛下にお詫び申し上げる」と申し出る。庄平にとって敗戦は国民の責任であった。「詫び」の意志は死をもって示すしかないと考えていた。

しかし庄平一人が犠牲となることに反対論が相次いだ。

「ご老体の先生（庄平）には是非とも生き残つて後始末をしていただき、我々若い者が（中略）人柱に立ちたい」。庄平は「死ぬのは自分一人でよい」と譲らない。結局、庄平を中心に「一同自決」という方針が固まる。

同24日。自決参加者全員で遺書を記す。

「清く捧ぐる吾等十四柱の皇魂誓つて無窮に皇城を守らむ」

同25日午前1時。一同はみそぎをおこなったうえで、白鉢巻と刀を手にして神前に集合した。ここで蠟燭の灯りのもと、最後の夕食。献立は「白粥、椎茸とふだん草を実にした薄い味噌汁、配給缶詰の鮭、きゅうりの漬物、梅干、茶」だと記録されている。

午前2時、塾旗を先頭に一同は代々木に向かう。練兵場の西端「十九本欅」と呼ばれる場所が彼らの終焉の地であった。

まず12名が割腹。それを30歳の野村辰夫、26歳の東山利一の2名が介錯した。使われた刀は影山塾長が使用していた延寿国重と大慶直胤だった。最後に野村が東山を介錯し、自ら果てた。自決者の最年長は60歳の庄平、次に40歳の福本美代治、残りはすべて30代以下であった。

『三十年史』には、自決直後の検屍写真が収められている。練兵場の草むらで、ひもろぎ（神道の儀式に使われる榊の枝）を囲むように塾生らの遺体が点々と横たわっている。彼らは彼らの戦争を戦い、散った。伝わってくるのは〝悲惨〟でも〝無念〟でも、あるいは〝崇高な意志〟でもなく、黒々と渦巻く時代の嵐が、人をなぎ倒して去っていった後の、一種の虚脱のような感覚だった。

この一事をもって大東塾は活動を停止し、9年後に「再建宣言」が発せられるまで、対外的には沈黙を保つのであった。

伝統右翼として生きた

事件後、帰塾した影山正治は、その足で「帰還奉告」の参拝のため皇居に向かう。時はまさに「食糧メーデー」の最中であった。皇居前には赤旗が林立し、デモ隊が押し寄せていた。新しい時代の大波を、影山は知ることになる。

その後、影山は不二歌道会を設立。保田《やすだ》與重郎《よじゅうろう》に代表される日本浪曼派（「日本の伝統への回帰」を提唱した文学思想グループ）に属していた影山は国学と歌道に通暁していた。影山にとって歌道もまた、彼なりの民族主義運動だった。54（昭和29）年に大東塾を再建した後も、同塾と歌道会は影山の運動の両輪として、昭和という時代を走り続ける。

影山と大東塾は戦後も「右翼の重鎮」であり続けたが、一般的な〝行動右翼〟とは違い、街頭宣伝を目的化するようなことはなかった。古式神道の精神を捨てず、心身鍛錬の場として農場や学生寮を設立するなど、そのストイックな姿勢から「伝統右翼」と分類されることが多い。

皇道に生きた影山が、自らの生に決着をつけたのは79（昭和54）年、68歳のときだった。青梅市（東京都）の大東農場で割腹した後、散弾銃で心臓を撃ち抜いた。遺書には「一死を似て元号法制化の実現を熱禱しまつる」とあった。

その頃、元号は慣例的に使用されるものであって、法で定められたものではなかった。皇位継承の都度改められる元号は、右翼陣営にとって天皇制のシンボルでもあり、国家の根幹とも位置付けられていた。元号の存在を法で定めること（すなわち公式の年号とすること）は、当時の右翼にとって最大の政治課題だった。

影山正治

影山には、このままでは元号が廃れてしまうのではないかといった危機感があった。実際、世間では西暦表記が進んでいた。影山にとっては、それが日本文化の消滅にも思えたのであろう。だからこそ、身を賭してでも元号の法制化を訴えるべきだと考えた。
影山が自決したとき、国会ではすでに「元号法」が衆院を通過した状態であった。参院での可決を見るのは、影山の死後11日のことである。こうした状況から、自決の原因がほかにあるのではないか、といった見方を示す者がいないわけではない。真相は不明だ。ただ、終戦直後に同志が集団自決して以来、影山が自らに決着をつけるタイミングを探し続けていたという話は各所で聞くことができる。

同じ農場で、後に大東塾代表となった鈴木正男が、2001(平成13)年、79歳の時にやはり首を吊って自死している。終戦時の集団自決の際、鈴木も出征中で、復員したのは45年の8月30日。集団自決のわずかに5日後である。戦後50年を過ぎ、彼の心の中で何かが吹雪いたのだろう。乗り遅れた列車に飛び乗るように、鈴木もまた同志の元へ去った。

晩年、その鈴木は右派団体「日本を守る国民会議」に参加した。81(昭和56)年に設立された「国民会議」は、我が国の改憲運動を牽引した。日本国憲法は米国の「押しつけ憲法」だとし、日本国憲法が、日本の堕落した「戦後」を作り出し、家族制度を崩壊させ、共産主義の脅威を招きこんだのだと訴えた。日本国憲法によって、日本が日本でなくなったという主張は、影山が一貫して訴えてきたことでもある。

影山も鈴木もこの世を去ったが、その遺志は継承されている。しかも、大東塾よりも、もっと大きな勢力によって。

「日本を守る国民会議」は97(平成9)年に、同じように改憲運動を続けていた右派宗教者による組織「日本を守る会」と統合し、さらなる右派大衆運動の拡大を目指して新組織を結成した。鈴木もそこに代表委員として加わった。
その新組織こそが——「日本会議」である。

壮絶な自決

「文武農」一体を目指して終戦直後に開墾し、影山と鈴木にとって終焉の地となった大東農場は、いまも活動を続けている。東京都青梅市郊外にある農場を訪ねた。

JR小作《おざく》駅から乗ったタクシーの運転手は「イチゴで有名な農場」だと言った。味には定評があり、シーズンになると遠方から買い付けに来る人もいるのだという。

イチゴ園は農場の入り口にあり、その先に進むと広大な牧場が広がる。放牧された乳牛が牧草の上に横たわっていた。「右翼」「民族派」といった言葉を連想させない、文字通りに牧歌的な風景だ。一般的な牧場と異なるのは、農場内の小高い丘の上に小さな神社が建てられていることだ。影山によって建立された大東神社である。そこに隣接して鎮座するのが自決した14名を祀る「十四士之碑」。すぐ近くには「影山正治大人之碑」がある。

「親父はこの場所で亡くなりました」

牧場を見下ろす丘の上で案内してくれたのは、影山の三男、正和（67歳）である。いまは農場の責任者だ。正和が指さした場所には大きな杉の木が初夏の太陽を遮るように木陰をつくっていた。

39年前。ここで、影山は短刀で真一文字に腹を割り、散弾銃で胸を撃った。発見された時、着衣に乱れはなかった。表情に苦悶の色は浮かんでいなかったという。白衣に剣道袴、紋章入りの木綿羽織。足元に敷かれた手拭いの上に白鞘の短刀が置かれていた。

「ある種の予感はあった」と、正和は父親が亡くなる直前のことを述懐した。実の子であっても近寄りがたいくらいに厳格な影山が、いつからか急に物静かになった。遠くを見つめるような表情で、物思いに耽るような日が続いていた。

「何か事件でも起こすのではないかと感じたんです。ですから私も覚悟を決めて、『親父が行動するときには俺も一緒にいくぞ』と妻には伝えていました」

正和が危惧していたのは自決ではなく、皇道に生きる者としての直接行動、つまりテロだった。万が一、父親が命を懸けた行動に出た場合、それに付き添うのが息子の役割だと考えたからだ。

79（昭和54）年5月25日。その日は毎年恒例の勤皇先人祭（楠木正成を偲ぶ例祭）が予定されていた。前夜から社務所に詰めていた影山が一向に姿を現さない。家族や塾生が農場内を探し回ったところ、「十四士之碑」近くの杉の木の下で、仰向けに倒れた影山が発見された。

本当の保守の生き方とは

自決のニュースはテレビ各局が速報で流したため、その日のうちに農場と大東塾本部（東京都渋谷区）には多くの弔問客が訪れた。当時の記録を見ると、その中には椛島《かばしま》有三、玉置《たまき》和郎《かずお》といった名前を確認することができる。椛島は当時、元号法制化実現国民会議事務局長、玉置は自民党参院議員だった。二人ともに宗教団体「生長の家」出身だ。後に「生長の家」出身者を中心として、「日本会議」がつくられる。現在、椛島は「日本会議」の事務総長だ。憲法改正に向けた取組や提言で知られ、自民党政治に少なからぬ影響を与えている「日本会議」の源流を、ここにも見ることができる。

正和によると、影山は祖父の庄平（終戦直後に自決した14名の一人）がよく口にしていた「地の塩」なる言葉を好んでいたという。これはマタイによる福音書の第5章13節に出てくる言葉で、イエスが人々に向けて、「あなたがたはこの世に必要不可欠なものである」と訴えたときに用いたとされる。

「塩は必要なものではあるけれど、しかし、世の中全てが塩となっては塩辛くてたまらない。ひとつまみの存在が大事なんだ、ということです。祖父も父も、大東塾は社会に少しの刺激を与える〝ひとつまみの塩〟として存在することの意味を説いていました」

正和はいま、個人としては直接に政治に関わることはしていない。大東塾の同人として農場の責任者を務め、神社を守り、同時に東京都酪農業協同組合の理事として、地域活動に取り組んでいる。自らは右翼であると名乗らない。

農場の一角に小さな小屋があった。入り口の引き戸を開くと、ケージに入った何匹もの猫が一斉に鳴き声を上げた。「捨て猫保護の活動をしているんです」と正和は目を細めた。ケージの間から手を差し入れ、猫の頭を撫でる正和の温和な表情から、少なくとも影山家の血の記憶は見えてこない。

早朝から日が暮れるまで牛の世話に追われ、安全で美味い牛乳をつくるためにはどうすればよいのかと常に頭を悩ませ、神社を守り、捨て猫を保護し、そして地域の自治会長も務める正和の生き方は、右翼のイメージには遠いかもしれない。

だが、それこそ本来の「保守」ではないかとも思えた。

「保守」とは思想ではなく、生き方の問題である。伝統を尊び、時代の流れに翻弄されることなく、地域や社会に尽くすことではないのか。日章旗を乱暴に振り回しながら街を練り歩くことで保守だ、愛国だと悦に入っている連中は、こうした地に足の着いた生活をどう感じるであろうか。

維新の夢いまだ潰えず

大東塾自体は現在もなお活動を続けている。東京・北青山3丁目という、一見、伝統右翼に似つかわしくない場所に、本部の大東会館は位置する。とはいえ65（昭和40）年に建設された4階建ての会館は、近隣の風景を無視するかのように武骨で質素なたたずまいをみせていた。入り口にかけられた「大東塾」「不二歌道会」の筆文字は、そこが国体精神の修養の場であることを示している。

会館で事務作業をしていた担当者によると、併設された学生寮ではいまも数人の大学生が寮生活を送っているという。塾関係者の子どもたち、あるいは國學院大學で神道を専攻する学生だ。保守論客として知られる大原康男（國學院大學名誉教授）、高森明勅《あきのり》（評論家）も同寮の出身だ。

礼儀正しい担当の青年は、「いわゆる右翼として活動しているわけではない」と私に告げた。街宣車で街中を流すことなどしない。繁華街で声を張り上げることもない。あくまでも国学、歌道などを通じて日本の伝統精神護持、普及に努めているのだという。定期的に国学の講座や詩吟教室を開催し、道場ではフルコンタクトの空手教室も行っている。

だが、大東塾は維新の夢を捨てたわけではない。たとえば同塾とは表裏一体の関係にある不二歌道会の行動指針を示す「概要」には、「剣魂歌心以て在野批判勢力として諸悪の討滅、諸善の顕揚に努め、諸維新の根底たる文化維新の達成に挺身する」との記述がある。

影山正治の教えは今も生きている。日本会議などの集会では、大東塾関係者の姿を見る機会は少なくない。血の記憶を断絶させることなく、「右派」の一角で、しっかりにらみを利かせているようにも思えるのだ。

第二章　反米から「親米・反共」へ

地元では「右翼の聖地」などと呼ばれることも多い、愛知県の三ヶ根山《さんねさん》である。ときに黒塗りの街宣車が列を連ねて訪れることから、いつしか、そう言われるようになった。

初夏にはあじさいが一斉に花開くことから「あじさいライン」の別称もある三ヶ根山スカイラインは、穏やかなカーブが幾重にも続き、木立の間に映る三河湾の眺望も併せ、ドライブには最適の観光道路だ。頂上付近の料金所を過ぎてすぐの場所、道を脇に逸れてしばらく行ったところに、「殉国七士廟《なないしびょう》」はある。

三ヶ根山に廟が開設されたのは1960(昭和35)年だ。敷地に入るとすぐに、高さ5メートルほどの巨大な石碑が目に飛び込んできた。「殉国七士廟」との文字が刻まれる。殉国七士——戦後、戦犯として処刑された東条英機(首相)、土肥原《どいはら》賢二(陸軍大将)、板垣征四郎(陸軍大将)、木村兵太郎(陸軍大将)、松井石根《いわね》(陸軍大将)、武藤章(陸軍中将)、広田弘毅(元首相)ら7名を指し、彼らの遺骨が眠っている。

親米の民族主義とは

石碑の揮毫《きごう》は安倍晋三首相の祖父である岸信介《のぶすけ》だ。東京裁判が「勝者」による一方的な裁きの場であったことには違いないが、未曾有の災難に国民を巻き込んだ戦争指導者を、当時の現役の首相である岸が「殉国七士」と称揚したことになる。さすがに開設時には地元だけでなくアメリカの国務省も懸念を表したという。

ちなみに、東条らが処刑された翌日に巣鴨プリズンから釈放された者の中に岸がいた。彼もまたA級戦犯の容疑を受けていたが、米国の反共政策、情報戦略の一環として、その利用価値が考慮され、おなじくA級戦犯容疑の児玉誉士夫らとともに放免されたというのが定説だ。戦後の大物右翼・児玉に関しては後に改めて触れたい。

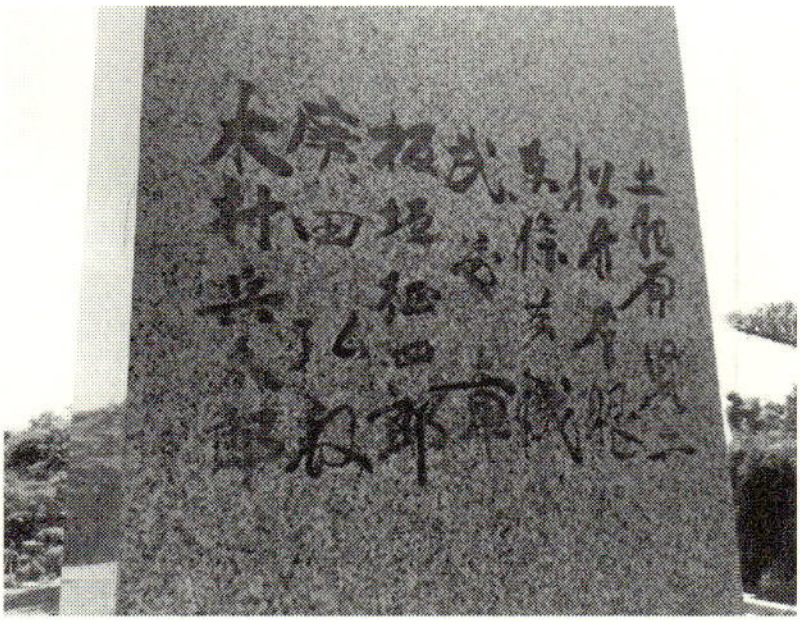
七士の石碑

60年安保の時代に際しては、盛り上がる反対運動に対抗すべく、岸とは〝巣鴨仲間〟の児玉が、全国の右翼、任侠関係者に協力を呼び掛けている（第三章にて詳述）。左右両翼の激しい衝突の陰には、岸・児玉ラインが見え隠れする。

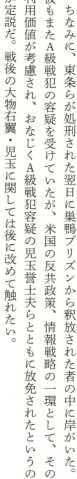

児玉は著書『われ敗れたり』（協友社）のなかで次のように述べている。

〈日本の右翼は本質的に左翼に対抗して生まれたもの〉

〈過去の国家主義者のなかゝら反米主義者が出現することは断じてないのである。むしろ、かつての国家主義者、すなわち、天皇と国家にあくまで忠実であった者

のなかゝらこそ、真の親米派は生まれでることを自分は確信するものである〉

戦前の「鬼畜米英」「一億総決起」のスローガンは何だったのかと思わせる記述だ。確かに「敗戦」は右翼を壊滅状態に追いやった。ある意味、当然の帰結といえる。神に守られて負けるはずのなかった日本が敗れ、唯一神の天皇さえ人間に戻された。信仰を奪った張本人は米国だ。それで復讐の念を抱えて生きるのであれば、まだわかる。

だが、多くの右翼はいとも簡単に「反米」から「親米」へと路線転換した。その逡巡や苦痛を表現したものは、ほとんど存在しない。これは戦後の右翼の軌跡を見るうえでは重要なことだ。民族主義、国粋主義の旗を振りながらも日米安保を肯定し、沖縄での米軍基地固定化に手を貸すのが、いまや右翼の大部分と言えるからだ。結局、右翼は常に権力の近場にいるしかなかった。

ちなみに、60年安保当時、右翼の側から日米安保体制に疑義を唱えたのが、前述した大東塾の影山正治だった。警官隊との衝突により国会前で死亡した東大生・樺《かんば》美智子に向けて、「心から哀悼の言葉を述べたい。彼女こそ日本のために亡くなった愛国者だ」と追悼の言葉を残している。さらには安保改定のために米大統領一行の訪日が発表されると、自民党などが用意した〝ウエルカム・ポスター〟に対抗し、「日章旗の下へ！」と記した〝日の丸ポスター〟を都内各地に貼付したという。

筋論だけでいえば、影山の行動こそが正しいのではないか。

遺骨奪還

話を三ヶ根山に戻そう。

時に、廟の入り口にある駐車場は右翼団体の車両で埋まることもある。東京都内を拠点とする右翼団体などは、伊勢神宮への参拝の帰路、三ヶ根山に立ち寄ることも少なくない。右翼は「A級戦犯」なる言葉を認めていない。あくまでも殉国の士、昭和受難者なのだ。戦後の日本社会に定着した「戦犯」という概念を覆し、その権威と栄光を取り戻すことこそ、現代右翼が背負った使命の一つでもある。そして実際に「取り戻した」者たちの物語が、三ヶ根山には確かに存在するのだ。

私はその話を三ヶ根山から遠く離れた熱海（静岡県）で聞いた。実は、三ヶ根山に眠る遺骨は、もともとは熱海の興亜観音に納められていたものが分骨されて、同地に届いた。その経緯を、私は興亜観音の住職・伊丹妙浄の説明で知った。

伊丹は私が熱海を訪ねた際、向こうから声をかけ、親切に案内に回ってくれた尼僧である。おそらく参拝客が訪ねるたびに、そうしているのだろう。諳《そら》んじた歌を披露するかのような滑らかな口調で、伊丹は次のようにことの経緯を話してくれた。

東条ら7名が絞首刑に処されたのは48（昭和23）年12月23日の午前0時過ぎであった。遺体は午前2時、巣鴨プリズンから米軍の大型トラックに乗せられ、横浜市にある久保山火葬場に運び込まれた。

米軍は遺骨が遺族などの手に渡り、神聖視される事態を恐れていた。だからこそ、遺族から要求された遺体引き渡しには応じず、極秘裏に火葬した後に太平洋上で遺灰を散布すると決めていた。だが、この計画を事前に察知した者たちがいた。東京裁判の被告側弁護人であった三文字正平《さんもんじ》と林逸郎《いつろう》である。彼らは東京裁判に関わっていたという立場を利用し、各所で聞き込みを繰り返し、米軍の計画を見抜いていた。

二人は前もって久保山火葬場の責任者・飛田美善《ひだびぜん》と、火葬場に隣接する興禅寺の住職・市川伊雄に話をつけ、遺骨奪還計画を立てる。

深夜、予定どおり久保山火葬場に運び込まれた遺体は荼毘に付された。そのとき火葬場の中では、闇の中で目立たぬよう黒装束に身を包んだ三文字らが息をひそめて様子を見守っていた。

三文字らは妙な確信を持っていた。当夜はクリスマスイブの前日である。クリスマスを間近にして米兵も気が緩み、監視の目もザルだろうと踏んだのだ。案の定、遺体が燃え尽きても米兵の姿は見えない。三文字らはまず、遺骨をそろえて線香をともし、合掌した。

慌てているわりには悠長だと言わざるを得ないが、それが日本人一般の死生観でもある。急《せ》かされるように遺骨をあさるわけにはいかなかったのだ。

松井石根の庵

ところが、線香の匂いが米軍兵士らが休憩する部屋にまで漂ってしまった。異変に気づいた兵士たちがどっと火葬場に押し寄せる。三文字らは遺骨を置いたまま、その場から逃げるしかなかった。再び伊丹の述懐である。

「米軍兵士は七つに分けていた遺骨を、麻雀パイをかき混ぜるように、ごちゃごちゃにしてしまったそうです。それらを黒塗りの箱に乱暴に収め、どこかへ持ち去ってしまいました」

だが、箱への詰め方がよほど乱暴であったのか、それこそ雀卓からパイが飛び散るように、骨の細かい部分がポロポロと床にこぼれ落ちた。兵士たちはそれを拾おうともせず、コンクリートの側溝に投げ捨てたまま、いずこかへ消えた。

結果的にこの粗忽さが三文字らには幸いした。彼らはあらためて内部に侵入し、竹竿の先に空き缶を吊るし、それを〝塵取り〟のように動かしながら、散った骨を拾い集めたという。七体が混ざり合ったものとはいえ、その量は骨壺1個分にも相当したらしい。

さて、これらの骨はしばらくの間、隣接する興禅寺に保管されていたが、米軍が出入りする火葬場のすぐ横にいつまでも隠匿しているわけにはいかない。万が一にでも発覚したら米軍の処罰が待っている。そこで三文字らと遺族が相談の上、「殉国七士」の一人である松井石根の熱海の別邸に移すことが決まった。これに関する一切の口外は禁じられた。

松井は「南京事件」の首謀者として死刑判決を受けた。もともとは日中連携を志す大アジア主義者で、1933(昭和8)年には「欧米列強支配からの脱却」を訴える大亜細亜協会を、近衛文麿、広田弘毅らとともに設立している。だが37年の南京攻略では、日本軍による一般市民への略奪、暴行を防ぐことができなかった。東京裁判では指揮者としての責任を問われることになったのだ。

「南京事件」の翌年に帰国した松井は、熱海の地に、日中戦争における日中双方の犠牲者を弔う場所を設けた。それが興亜観音である。松井は道を挟んだ向かい側に庵を建て、そこで過ごすことが多かったという。現在、松井の庵があった場所には東急系のリゾートホテルが建ち、穏やかな駿河湾の風景を楽しむ多くの観光客でにぎわうが、道向かいの興亜観音に注意を払う者はほとんどいない。

七士の分骨

松井邸で保管されていた遺骨が、向かいの興亜観音に移されたのは49年のことだった。

あるとき、伊丹の父親・忍礼のもとを広田弘毅の息子、東条の夫人らが訪ねた。

「知り合いのある人の骨です」。彼らはそう言って骨壺を差し出した。

「時機が来るまで、誰にもわからぬよう、秘蔵してくれませんか」

忍礼は即座に「七士」の骨であることを直感したと、後に娘の妙浄に語っている。

「両親は本修院の裏側に穴を掘り、そこに骨壺を埋めて隠したそうです。わざわざ雑草を茂らせ、目立たないようにしました。ですが、それでも誰かに見つかってしまうのではと不安で仕方なかったのでしょう。その後も埋める場所を何度も変えたそうです」

米国の占領政策が終わり、ようやく骨のありかが関係者の口の端にのぼることとなった。58（昭和33）年、すべての戦犯が赦免されたことを受け、東京・日比谷で行われた極東国際軍事裁判弁護団解散記念会で、三文字弁護士の音頭取りにより「七士」の墓碑建設が決まった。三ヶ根山の地が選ばれたのは、三文字と親しい保守系の愛知県議が強く働きかけたからだ。寝耳に水だった地元では、革新系団体などによる反対運動も起きたが、もともと保守の強い地盤であるだけに、建設は強行された。三文字は熱海に出向き、興亜観音に祀られていた遺骨のうち香盒《こうごう》（香を入れる容器）一杯分を分骨してもらった。それを、三ヶ根山頂の「七士廟」に埋めたのだった。

「左翼血盟団」に狙われた興亜観音

ちなみに71(昭和46)年12月には、アナーキストグループ「東アジア反日武装戦線」によって、興亜観音にある「殉国七士之碑」が爆破されるという事件が起きている。

「東アジア反日武装戦線」はその後、三菱重工ビル爆破事件などを起こしていくことになるが、興亜観音での爆破は、爆弾製造技術の「腕試し」であったと言われている。爆弾の威力を確認するに際し、彼らはもっとも「日本帝国主義的」なシンボルを探し、標的に定めたのが興亜観音だった。設置された鉄パイプ爆弾は一部が不発で、「殉国七士之碑」だけが吹き飛んだ。碑は修復されたが、いまでも生々しい爆破の傷跡(切断部分がセメントでつなぎ合わされている)を見ることができる。

当時、この「東アジア反日武装戦線」の存在に衝撃を受けたのが、後に新右翼団体「一水会」を設立した鈴木邦男である。鈴木は同戦線に、戦前右翼の幻影を覚えた。三菱重工ビル爆破事件で逮捕された際に毒薬カプセルを飲み込んで自死したメンバーに、ある種の美学を感じたという。

「戦前の血盟団を見たような気がしたんです」。鈴木はそう述懐する。

「自滅を覚悟で戦いを挑んだのですから、まさに戦前型の右翼と同じです。彼らは左翼の血盟団ですよ。ところが、当時の右翼の大多数は『テロはよくない』などと言って、東アジア反日武装戦線を否定したわけです。僕にはそれが解せなかった」

それまでの左翼テロは、自らが生き延びることで、理想社会の実現につなげようとした。しかし、右翼のテロは、最後に自自身を処断することでカタを付けようとする。自決は右翼の美学でもある。東アジア反日武装戦線がおこなったテロは、従来の左翼のそれとは違っていた。だからこそ、鈴木はそこに「血盟団」を連想した。一方、「一人一殺」のテロこそが存在証明であったはずの右翼が、東アジア反日武装戦線のテロに対して「暴力に訴えるのはどうか」といった理屈で非難した。

立ち位置が違ったとしても、右翼がテロを否定してどうするのか――。そんな思いで鈴木が書き上げたのが、彼の第一作ともなる、『腹腹《はらはら》時計と〈狼〉』（三一新書）だった。

いずれにせよ、日本帝国主義の遺産を爆弾で吹き飛ばしたのが、戦前の「血盟団」を連想させるアナーキスト集団だったというのは、皮肉なめぐりあわせというほかない。

右翼団体幹部の会合

２０１７（平成29）年の夏。私は新橋駅前の貸会議室でおこなわれた右翼団体の会合に足を運んだ。その日に集まったのは全国各地の右翼団体の幹部ら十数名である。

右翼団体の全国連合組織の一つである「大日本愛国団体連合・時局対策協議会」（時対協）

の定例会議だった。

なにやら物騒なイメージを勝手に頭の中で描いていたので、おそるおそる足を踏み入れてみたのだが、時対協の議長を務める福田邦宏（皇道日報社主幹）はむしろ積極的に「参加してほしい」と私を中に呼び込んだ。一見強面な感じがしないでもないが、話してみれば穏やかで、皇道思想に関する知識も豊富だ。それはすべての参加者に共通した。

定例会議はまず宮城遥拝から始まり、さらに全員で五大神勅《しんちょく》のひとつ、「侍殿《じでん》防護の神勅」を朗誦した。この日のテーマは地方組織による次のような問題提起である。

「平成31年の靖国神社創立150年の節目に、東京裁判史観の払拭と英霊の奉慰顕彰を大衆に知らしめることはさることながら、靖国の行幸参拝を願う人もいるが、みなさまの意見は」

要は、一部で熱望される天皇の靖国参拝の是非である。

議長の福田が参加者それぞれに意見を促していくのだが、実はこれが非常に興味深いものであった。私などは「右翼の立場からすれば天皇の靖国参拝を求めるなど当然のことだろう」との認識しかなかったのだが、意外にも議論は逆の方向に向かったのである。

「陛下に何かを望むのは臣民の分を越えている」

「右翼ともあろう者が、陛下を靖国に連れ出すことが許されるのか」

こうした意見が相次いだのだ。靖国における一部右翼のふるまいを問題とする者もいた。

「英霊の顕彰を口にしながら、靖国神社の境内の茶屋で、酒盛りをしているような右翼もいる。陛下の参拝を望む前に、我々自身がいずまいを整えるべきだ。まずは陛下の参拝、行幸にふさわしい環境をつくらないといけない」

彼らの唱える皇室絶対主義には違和感を覚えつつも、しかし、必ずしも単調とは言えない右翼の議論は、私にとっては新しい「発見」であった。

「今回は設問そのものが赤心報国（誠意をもって国に尽くすこと）の精神に反するものだったかもしれない」

参加者の一人、都内の右翼団体「同血社」会長の河原博史はそのように総括した。

「我々が陛下を利用するものではない。まるでスローガンのように陛下の靖国参拝を口にする右翼も少なくないが、そうした政治利用に疑問を感じない右翼がいることを残念に思う。まるで播磨屋（自社トラックで街宣活動を行う米菓店）じゃないか。右翼自体が戦後史観に毒されているとも考えられる」

47歳の河原は、20代初めから右翼としての道を歩んできた。左手の小指は根元を残しただけで欠けている。韓国の竹島占領に抗議するために断指したのだという。「第一関節から上は韓国の青瓦台に、第二関節の部分は内閣府に送り付けた」と、まるで贈り物を届けたかのようにさらっと述べた。

バリバリの筋金入り、といった右翼の凄みを感じさせる人物だが、会議の直前までは、私と一緒に入った喫茶店で、子どものような表情でチョコレートケーキを無心に頬張っていた。対照の妙とでもいうのだろうか。口の周りについたチョコレートを指で拭いながら淡々と「断指」を話す河原に、不思議な魅力を感じたのは確かだった。

若い右翼たちの素顔

会議参加者の中で最年少は「同血社」で機関紙編集長を務める下山陽太と、「天誅塾」の塾頭付きという肩書を持つ松田晃平である。ともに25歳。この二人にのみ関して言えば、「行動右翼」「街宣右翼」といったレッテルを重ねるには躊躇したくなる風体だった。

「同血社」の下山は中学生の時に三島由紀夫の著作に触れたことで、日本の伝統と歴史に興味を持ったという。大学は皇學館に進み神道を学んだ。この世代の保守であれば「ネットで愛国に目覚めた」という回路を持つのが普通であろうが、下山はネット右翼に「何の興味もない」という。そもそもネットで「愛国」を学ぶこともない。日常会話でも天皇を「すめらみこと」と表現する下山には、ストイックなまでに右翼の道を究めようとする姿勢が感じられた。

「天誅塾」の松田は、見た目だけでは政治の匂いが漂ってこない優男である。悠々と、淡々と、けっして畳み込むことなく言葉を紡いでいく様子は、ちょっと意識の高い若者といった印象を与えるだけだ。とはいえ、彼もある意味、筋金入りだ。

国士舘大学在学中から右翼運動に邁進し、3年生の時にはすでに時対協に参加していた。松田の名を業界に知らしめたのは、16年5月4日の「『WiLL』侵入事件」である。

この日、松田は東京都内の出版社「ワック」に、入り口のドアガラスを割って侵入、同社が発行する月刊誌『WiLL』編集部で、床にペンキをぶちまけ、消火器を噴射するなどして逮捕された。たまたま休日であったために編集部は無人で、松田は犯行後に自ら110番したという。『WiLL』といえば論壇誌の最右翼とも目され、右翼との親和性を指摘されることはあっても、右翼から襲撃されることなど一般には予測できなかったはずだ。

同誌は事件直近の号で「いま再び皇太子さまに諫言申し上げます」なるタイトルの記事を掲載していた。これはいずれも保守論客として知られる加地伸行（大阪大学名誉教授）と西尾幹二（電気通信大学名誉教授）による対談で、皇太子や雅子妃を批判しながら、現代皇室を憂える内容となっていた。

〈皇室という空間で生活し、儀式を守ることに喜びを見出さなければならないのに、小和田家がそれをぶち壊した〉〈適応障害でうつ病なら、何をしてもいいんだよとなってしまった。（中略）夢幻空間の宇宙人みたいになっています〉

対談では二人の口からこうした〝皇室批判〟が何度となく飛び出している。松田はこれを「不敬」とし、まさに天誅を加えたのであった。

ワックはただちに「問題提起を言論ではなく、暴力で封じようとする行為は容認できない」とのコメントを発表した。たしかにそのとおりで、この事件は暴力による言論封殺である。その一方、この対談記事から漂ってくるのは雅子妃の精神面での不調をあげつらい、あざ笑う、なんとも軽薄なネトウヨ的ともいえる立ち位置である。保守層にとって満足できない皇室へのいら立ちばかりが伝わってくる。松田の怒りもその姿勢に向けられていた。

「反論の機会を持たないご皇室に対する毀損は許せないですよ。こんな不敬はあり得ない」

一方で松田は「ネトウヨ」に対する裁判でも闘っている。

あるネトウヨ系のニュースサイトが、事件を起こした松田を「エタ、ヒニン」なる差別表現で攻撃した。部落差別を増長させる表現を何の躊躇もなく〝罵倒語〟に置き換えるのがネトウヨの度し難くダメなところだ。松田は、損害賠償を求める民事裁判に訴えた。

「許し難い人権感覚じゃないですか。いまの時代に旧悪たる身分制度を持ち出して他者を攻撃することなど、絶対に許せないのだということをわからせたい」

「臣民」を自任し、唯一絶対の天皇信仰を抱えながら、「人権」を求めて裁判を闘う。もちろん松田のなかに矛盾はない。万民平等は天皇史観の基盤でもある。そして彼には彼なりの人権思想があるのだ。

ところで、私がこの時対協の会合を訪ねた最大の目的は、前述した議長の福田邦宏にぜひとも会いたいと願ったからだった。福田素顗《そけん》（本名・狂二）――福田議長の祖父に当たるこの人物こそが、赤尾敏（大日本愛国党初代総裁）などと並び、戦後の行動右翼を率いる中心的役割を果たしてきた。ここからしばらくは福田素顗の人生と重ね合わせる形で、戦後初期の右翼の流れをふりかえっていくことにしたい。

ヤクザ系右翼の台頭

終戦直後における戦前右翼の壊滅状況については先に述べたとおりだ。それでも右翼そのものが消えてなくなったわけではない。

焼け野原となった日本に、戦前右翼とは違った系譜を持つ右翼団体が登場した。復員軍人などを中心とした、いわゆるヤクザ系右翼である。これらは右翼を名乗ってはいたが、その多くは目立った政治的主張があったわけではない。政治団体の看板を掲げた愚連隊と言ったほうがより正確だろう。

敗戦による秩序の崩壊は、若者の一部に虚無感を与えた。特に戦場での死を覚悟していた元軍人にとって、終戦直後の日本は気の抜けた生温いビールのように、緩み切って見えた。生きる意味も目的も見つからない。そうした拠り所をなくした者たちにとって、右翼愚連隊は、受け皿として機能した。右翼を名乗ってはいたが、思想によってつながった者たちの組織とは言い難かった。「反共」スローガンを叫びながら暴れまくる以外に、彼らの〝実践〟はなかった。暴力こそが、戦後の虚無を熱く生きるために必要だった。

日本天狗党、新日本義人党、香月青壮年同志会、新鋭大衆党、日本反共連盟大鶴青年部などといった組織が次々と誕生する。カタルシスか、功名心か、あるいは旧右翼とつながりを持つ保守系政治家からの依頼だったかどうかは定かではないが、彼らは主に共産党を標的に、暴力事件や強奪事件などを起こしていく。

1947（昭和22）年には新鋭大衆党の党員が全日本産業別労働組合会議議長・聴濤克巳《きくなみかつみ》（後に共産党衆院議員）を包丁で斬りつけるといった事件を起こした。共産党主導で予定されていた「2・1ゼネスト」の中止を聴濤に要求したが、聞き入れられず、暴行に及んだものだった。これは戦後における右翼テロ第1号であった。この事件で新鋭大衆党は解散を命じられる。この翌年には日本反共連盟大鶴青年部も、党員が徳田球一共産党書記長に手製の手榴弾を投げつけてケガを負わせるという事件を起こし、やはり解散処分を受ける。

雨後の筍のごとく新団体は生まれたが、その多くは共産党相手に暴れるだけで、政治的には何の実績も作ることができずにやがて消えていった。

そうしたなか、終戦から3年を経たあたりで、眠っていた戦前派右翼の生き残りがゆるりと動き出す。米占領軍にとって右翼追放は必須であったが、それは決して左翼の隆盛を望むものではなかった。米ソ冷戦が始まりつつあった時代状況で、日本に社会主義政権を誕生させることは米国の国益にはそぐわない。GHQは戦前の軍国主義の壊滅をはかったが、右派・保守勢力を根こそぎ絶やしてしまうわけにはいかなかったのだ。こうした占領軍の空気を日本の右派は敏感に受け止めていた。

社会主義者から右翼への転身

追放解除も近い——戦前右翼の多くは、活動の身支度を始めたのであった。その筆頭とも言えるのが、前述した福田素顕である。

素顕にとっての「戦前」は波乱に満ちたものだった。1887(明治20)年、島根県に生まれた素顕は、早稲田大学在学中に社会主義思想に触れ、大学を中退して運動家の道を生きると決意する。幸徳秋水、荒畑寒村、山川均といった名だたる社会主義者と親交を深めるのはこの時期だ。彼は立派な社会主義者の一人であった。

1905(明治38)年、徴兵によって素顕は横須賀の砲兵連隊に入営した。だが、社会主義者で、そのうえ壮士然とした素顕がおとなしく軍隊生活に馴染むわけなどない。自らが関係していた社会主義陣営の機関紙に軍隊生活の理不尽を訴える記事を書き、それが問題化したとたん、軍から脱走した。脱走兵として追われる身となった素顗は、中国人に扮して船で上海に渡った。中国革命に参加するためである。しかし現地で領事警察に逮捕され、帰国した後に陸軍刑務所で服役生活を送る。その頃にちょうど大逆事件が起きて、無政府・社会主義者らの大量検挙があり、幸徳ら12名が処刑された。もしも脱走罪での服役がなければ、素顗も事件に連座していた可能性もある。

出所後、素顗は無産運動団体「進め社」を設立。〝無産階級戦闘雑誌〟なるキャッチフレーズで雑誌『進め』を発行する。全国各地の労働運動、農民運動、社会主義運動の情報を網羅するといった内容で、執筆陣の中には山川均、堺利彦など当時の社会主義者が名を連ねていた。

ところが、昭和に入ってから、素顗は次第に右傾化するようになる。転向のきっかけとなったのは、素顗と付き合いのあった元新聞記者で社会主義協会委員長の大庭《おおば》柯《か》公《こう》が、出張先のロシアでスパイ容疑で投獄され、その後消息を絶ったことだった。これを当時の日本共産党が「見殺しにした」のだと素顗は訴え、同党との対決姿勢を強めていく。実際、共産党は共産主義の〝親分〟であるロシアに遠慮してか、大庭の救出に動くことはなかった。

素顗の「反共」はその後、皇国史観と結びつき、北一輝など国家社会主義者との親交も加わり、1933(昭和8)年、右翼機関紙『皇道日報』の発行を開始するのである。

国家社会主義は、社会主義と名の付く以上、経済的には重要産業の国有化を目指すものだが、主権を国家に置き、個人の自由や権利を制限するといった点で、日本右翼が掲げる皇国史観と親和性を持つ。左派の唱える社会主義が人民からの革命で成立するものであるのに対し、右派が唱えた国家社会主義は国家の手によっておこなわれる。つまり、上からの社会主義化である（ナチスもまた、国家社会主義をテーゼに掲げていた）。

素顕は社会主義の統制経済を支持しつつ、思想的には反共の道へと歩みを進めた。

日本の右派勢力の中には、こうした経路をたどった者は少なくない。「二・二六事件」に参加した将校も、戦時下の国家官僚も、その少なくない人々が社会主義の影響を受けている（岸信介などはその代表格だ）。天皇否定の左派には敵対するも、特に戦時下にあっては社会主義型の統制経済が必要不可欠であった。食料の配給制、金属製品の供出、工場への動員などは、自由経済では実現不可能な政策でもあった。

体を張った者を評価する

終戦後、素顕は占領政策によって中断を余儀なくされた『皇道日報』の復刊を計画する。その頃、戦前の社会主義者の多くがそうであったように、素顕の針は右に振り切れていた。

「しかし、米占領下にあって『皇道』の2文字は使いにくかった。そこで米国にも顔向けできるよう、『皇道』を『防共』に改めたのです」

そのように説明するのは素顕の孫にあたる前出の福田邦宏（時対協議長）である。「皇道」では、軍国主義を嫌う占領軍から許可が下りない。しかし、「防共」ならば、資本主義社会の擁護にもつながるので、占領軍も認めざるを得ない、というのが素顕の見立てだった。

１９４８年、素顕は「防共新聞社」を設立した。

私の手元には素顕の手による『防共新聞』第1号がある。１面トップの発行趣旨には「防共の大義」という大見出しが掲げられた。〈防共に参加せざる者は日本人にして日本人にあらず、人類にして人類にあらず〉の書き出しで始まる記事は、まさに右翼そのもので、ただひたすら共産党への攻撃心と憎悪に満ちたものだ。各面に躍る見出しも〈共産主義を追放せずして平和日本の再建なし〉〈人間の屑・マルクスの性格〉〈共産主義は低文化と未開の土地に生える雑草〉などと、書きたい放題である。いわば、これは右翼復活の狼煙でもあった。素顕は71（昭和46）年に84歳で亡くなるまで、一貫して右翼であり続けた。

63年生まれの福田邦宏は、当然ながら晩年の祖父の姿しか見ていない。それでも右翼の道を引き継いだ。

「子どもにとって祖父は非常に怖い人でした。近寄りがたい存在で、目の前にいると、いつも緊張しました。長いヒゲをたくわえ、常に和服で通していましたね。国粋主義は徹底していて、とにかく〝洋物〟を避けていた。下着はフンドシ、晩酌は日本酒、つまみは刺身、原稿も筆書きです。いまの私には真似のできるような存在ではありませんが、それでもこうして私も右翼の世界に身を投じたのは、やはり祖父の影響を受けてきたのでしょうね」

生前の素顕を知っている者のなかに、花岡事件のルポルタージュなどで知られるノンフィクション作家の石飛仁《いしとびじん》がいる。石飛の父親・樋口喜徳は戦前、「進め社」の社員であり、素顕との交友や思い出を綴った『「進め社」の時代』（新泉社）という著書も残している。

「素顕さんと父は、戦後もずっと付き合いがあった」と石飛は話す。

「父も戦前は社会主義を信奉し、一時は素顕さん同様、皇国史観に傾いたこともありましたが、戦後は社会党島根県連の副委員長を務めるなど、社会主義者を貫きました。当然、右翼とは距離があったはずですが、不思議と素顕さんとの縁は切れなかった。私も父に連れられて素顕さんの家に何度か遊びに出かけたことがあります。私にとって〝ヒゲのおじさん〟は、懐の深い好々爺といった印象しかありません」

石飛は大学卒業後、蜷川幸雄などと演劇活動をおこない、70年安保に際しては演劇人による「反戦青年委員会」の代表として、街頭デモを指揮することもあった。

「69年4月28日の沖縄解放闘争で私は逮捕されるのですが、そのあとに素顕さんと会っても、ニコニコしているだけで何も言わなかった。素顕さんは左右を区別せずに、体を張って活動する者を評価するようなところがあったと思います」

右派勢力の復活

さて、48（昭和23）年に右翼復活の狼煙を上げた素顕に合わせるかのように、時代は徐々に「反動」の色を濃くしていく。50年10月、サンフランシスコ講和会議を前にして、右翼関係者の追放解除が開始された。前述したように、占領軍による右派一掃の政策見直しが始まったのである。GHQ内部では「戦前日本の人脈を断ってしまうと、日本の弱体化を招き、ソビエトの伸長を招くことになる」といった意見が主流になりつつあった。米国でも共産主義に対する警戒心が強くなってきた。実際、この時期から米国では「赤狩り」が始まっている。共和党右派のジョセフ・マッカーシー上院議員が中心となり、共産主義者や彼らに近いとされる者たちが政権や公的団体などから追放されるようになった。

この「赤狩り」「マッカーシズム」が日本にも飛び火する。

49年から、共産党員などを排除する「レッドパージ」が進められた。公務員、主要民間企業において、共産党員や支持者ら約1万人が解雇された。

終戦直後の一時期は本気で「赤色革命」を恐れていた右翼勢力にとって、占領政策の右展開は、まさに恵みの雨にも等しかった。これを機に、全国に散在し、あるいは地下で息を殺していた右翼を糾合するような動きが活発化していくことになる。

51年2月8日、占領軍の監視を恐れてそれまで横のつながりを持てなかった反共団体は、右派の結集を狙い、主だった右翼人士が集まって祖国防衛懇談会が開催された。参加したのは素顕をはじめ、赤尾敏、大村秀則、荒原朴水、津久井龍雄ら錚々たるメンバーである。

この祖国防衛懇談会が後に「大日本愛国団体連合・時局対策協議会」と名を変え、現在、素顕の孫である福田が議長を務めているのであった。

なお、素顕が設立した「防共新聞社」を母体として、55年に誕生した右翼団体が「防共挺身隊」である。代表を務めたのは素顕の長男・進だ。彼は福田邦宏の叔父にあたる。

「行動右翼のパイオニア」とも呼ばれる「防共挺身隊」は、戦後右翼の象徴的な存在だった。現在、右翼と言えば黒塗りの街宣車と、大音量で流される軍歌といったイメージが強いが、そうした街宣スタイルを確立させたのが、まさに「防共挺身隊」だった。

防共挺身隊の街宣車は当初、蓄音機を車内に持ち込み、三波春夫の「チャンチキおけさ」などの流行歌をスピーカーから流していたという。これは、道行く人たちに自らの主張へ耳を傾けてもらうための〝戦略〟だった。これは意外なほどの効果を生み、音楽で耳目を集める手法を真似る団体も相次いだ。その後、街宣車が流す音楽は軍歌が主流となる。

ちなみに現在、右翼の街宣車で流されるものとして最も耳にする機会が多いのは「出征兵士を送る歌」「青年日本の歌」ではなかろうか。どちらも士気を高め、闘いを鼓舞するような歌詞とリズムが特徴的だ。最近では意外性を狙っているのか童謡やアニメの主題歌などを流す変わり種右翼も存在する。

赤尾敏の生涯

右翼による初の統一大会である祖国防衛懇談会が開催された51年には、赤尾敏が「大日本愛国党」を結成している。ここで、戦後最も有名な右翼活動家の一人である、赤尾の人生について触れておきたい。

赤尾は1899（明治32）年に名古屋で生まれた。17歳の時に結核と診断され、療養のために三宅島へ渡る。少年時代の赤尾は白樺派の文学者、武者小路実篤が唱えたユートピア建設、「新しき村運動」に共鳴していた。これは一種の原始共同体生活を通して理想郷をつくることを目的としたものである。赤尾はこれを三宅島で実践すべく、自給自足の楽園建設を島民に呼びかけるのだが、結局、挫折の憂き目を見る。

島を抜け、東京に出た赤尾はアナーキストや社会主義者、なかでも大杉栄の影響を受け、今度は社会主義に傾倒した。青年期の赤尾は、常に人類の幸福がいかにあるべきかを考え続けていた。生まれ故郷の名古屋では、東海農民組合連合会や名古屋借家人同盟をつくるなど活発な活動歴がある。素顕の起こした前述の「進め社」で東海支局長を務めていたこともあった。
しかし、昭和に入って転向。これは活動資金を地元財界に求めた事例を同志から批判されたことが原因だとされる。今も昔も社会主義者は、少なくとも建前上は「金に綺麗」であることが求められる（実際、アナーキストの中には、企業に金をせびっては、それを活動資金に回す者も少なくなかった）。赤尾とすれば、仮に「汚れた金」であっても、社会主義革命のために使うのであれば浄化されると考えたのであろう。

その後、赤尾は国家社会主義者の高畠《たかばたけ》 素之《もとゆき》などとともに、赤色メーデーに対抗する「建国祭」を開催し、反共の道を進む。赤尾が提唱した「建国祭」は、紀元節の日に国民が一斉に皇居の二重橋を目指し、皇居前広場で天皇陛下万歳を三唱するといったものである。

若き日の赤尾敏

かくして右翼に転向した赤尾ではあったが、戦前から一貫して米英との戦争には反対した。「戦争はソ連を利するだけ」というのがその理由である。そのために戦時中は特高警察の監視が付いた。

名物の辻説法

戦後は「大日本愛国党」総裁として、その名を知られていく。「愛国党」結成の翌年（52年）には衆院選にも出馬している。

赤尾の主張は、自主憲法の確立、再軍備、共産党撲滅、左右社会党打倒、腐敗保守党粛清、反国家的資本家膺懲《ようちょう》、赤化勢力による謀略的反米闘争粉砕、戦争犠牲者の救援などである。この主張は生涯変えていない。概ね、多くの右翼にも共通するスローガンであろう。赤尾には街頭宣伝での決め台詞があった。演説の最後に必ず、こう呼びかけたのである。

「赤旗革命か、日の丸世直し運動か！」

東京・数寄屋橋での「辻説法」は、都民にとってはなじみ深い風景だった。数寄屋橋交番の前に停めた街宣車の上で、共産党から自民党までをもメッタ斬りにする独特の話法は、ある種の「芸」として、楽しみにしている者も多かった。「赤旗革命が迫っている。日教組をぶっつぶさないといけない」と定番の左翼批判以外にも、「獄中転向しなかった戦前の共産党幹部を、いまの右翼は見習え」などと、赤尾の咆哮は右翼陣営に対しても向けられた。雑誌のインタビューで「昭和天皇の戦争責任？　あるよ、当然だ」と語ったこともある。

街宣車には日の丸と一緒に星条旗も掲げられていた。赤尾は米国に肯定的であったわけではないが、「反共」のためには米国と手を結ぶしかないという主張だった。また「反共」

を目的として韓国との友好も重視した。だから、韓国と領有権を巡って争いとなる竹島に関しても「あんなものは爆破してなくしてしまえばいい」と話したこともあった。

赤尾と愛国党の名が世間に広く知られるようになったのは、配下の党員であった山口二矢《おとや》による浅沼稲次郎社会党委員長暗殺事件（１９６０年）によってだろう。

同年10月12日、日比谷公会堂（東京都千代田区）では、自民党・社会党・民社党3党党首による立会演説会が開催された。午後3時過ぎ、社会党・浅沼委員長が演壇で演説を始めて5分ほど過ぎたころ、山口が壇上に駆け上り、短刀で浅沼の胸を突き刺した。深さ30センチ以上の刺し傷で大動脈が切断され、浅沼はほぼ即死状態だったという。

犯人の山口は、16歳で赤尾率いる大日本愛国党に入党している。赤尾の演説を聞いて感銘を受けたことがきっかけだった。山口は熱情で行動する少年だった。日教組大会など左派の集会に乱入するなどは茶飯事で、検挙歴は十数回にも及んでいる。

事件の直前、山口は愛国党を離党していた。何らかの覚悟がそうさせたのではないかと推察される。当然、警察はこれを偽装脱党だと見なし、赤尾の指示命令による事件だと疑った（赤尾は否定している）。

ちなみに赤尾は戦前に社会主義者だった時代に浅沼とも交流があり、暗殺事件後も「（浅沼は）善人だから始末が悪い」と周囲に語っていたという。

先生に憧れて

その赤尾は90（平成2）年2月6日、91歳で亡くなった。葬儀の日、火葬場で赤尾の骨を拾った一人が、「大日本愛国党九州連合会」会長の生野英信である。

「情熱的な人でした。先生に憧れ、先生と共に生きてきたと自負する私は、火葬場の煙を見ながら深く絶望したものです」

取材時（２０１７年）に70歳を迎えた生野は、いまでも現役の活動家だ。愛国党精神の継承をうたい、毎週日曜日には博多駅前で「日の丸世直し」と銘打った街宣活動を行っている。

生野は若いころ、国防の理念に燃えて陸上自衛隊に入隊したが、愛国とは無縁の自衛隊の「堕落」に愛想が尽き、右翼の道に入ったという。赤尾と知り合うきっかけは、71（昭和46）年に福岡市内で開催された愛国党の講演会だった。知人に誘われて中洲にあった会場に足を運んだが、「赤尾の激烈なアジ演説に胸をうたれた」と述懐する。

「（赤尾）先生は、日本中に赤旗が林立することになってもよいのかと、共産主義の脅威を熱く訴えました。そのうえで政界の腐敗を攻撃し、日本を守れと叫んだのです。その口調からは、人を引き込む魅力が感じられました。言葉は激しいが情熱と愛国の意思がたぎっている。この方こそ真の愛国者だと、心が揺さぶられました」

家に帰って生野は赤尾に手紙を書き、入党したいと訴えた。すぐに返信があった。近く、佐賀で日教組大会への抗議街宣を行うという。そこに参加してくれ、という内容だった。

日教組大会での抗議活動は右翼にとって最大の〝見せ場〟だ。平和教育を推し進める日教組は、再軍備を主張する右翼にとっては敵以外の何物でもない。右翼は日教組が社会主義教育によって子どもたちを洗脳しているのだと訴えている。最大の〝殲滅《せんめつ》対象〟である。

同年7月、生野は佐賀に出向いて反日教組の隊列に加わった。抗議運動参加者によって消火剤がぶちまけられるなど激しい展開となった。そうした場で、赤尾は初対面の生野に愛国党福岡県支部の創設を促した。以来、生野はときに上京して赤尾の教えを受けながら、地元九州で愛国活動に邁進するのであった。

生野が歩んできたのは、主に左翼との衝突の歴史である。現在は街宣右翼もおとなしくなったが、かつてはもっと行動的、戦闘的だった。それは、左翼勢力もまた今以上に行動的だったからである。旗竿を持って突っ込んでくる左翼がいた。乱闘も茶飯事だった。些細なことで逮捕されるのも珍しいことではなかった。

だがそれ以上に生野の活動で長い時間を占めたのは、深夜のビラ貼りである。日の丸を背景とした薄紙2色刷りの愛国党のビラは、いまでも繁華街などで目にする機会は多い。

生野はビラ貼りという地味な作業を怠らなかった。それは「路上での実践」という赤尾の教えでもある。糊の入ったバケツと刷毛を持ち、脇にビラの束を抱えて街に飛び出す。電柱、地下街の壁など、とにかく人目につきやすい場所を見つけては貼りまくった。ときに左翼のメンバーとも鉢合わせをした。そうした場では暴力沙汰にはならない。相手の貼ったビラの上に重ねるよう、愛国党のビラを貼り付ける。もちろん、相手側も同じように対抗する。そうした消耗戦を毎晩のように繰り返すことで、ようやく赤尾に認められるのだ。

そんな生野に聞いてみたいことがあった。

——いま、時代の「右傾化」が指摘されることが多い。こうした状況をどう思うか。

生野は怪訝な表情を浮かべた。

「本当にそうなのでしょうか？　本当に世の中は右傾化しているのでしょうか」

落ち着いた口調で話す生野は、穏やかな表情を最後まで崩すことはなかった。

「私たちの活動を応援してくれる若い人もいます。駅前での街宣活動を目にして、党員になりたいと声をかけてくれた若い女性もいました。そうした点では心強く思いますし、我々の主張が一定の浸透を見せているとは思っています。とはいえ、世の中全体が愛国に染まっているかと言えば、決してそんなことはないと思いますよ。国体護持（天皇を中心とした国家体制を守ること）という精神は、まだ教育現場でも生かされていません。私は46年間、愛国党の旗の下で活動してきましたが、まだまだ赤尾先生の理想には届いていない」

だからこそ、活動をやめるわけにはいかないのだと生野は続けるのであった。

新時代の右翼の形

戦後の追放解除を受けて復活した旧右翼のなかには、新時代の右翼の形を模索した者たちもいた。その代表例として、右翼関係者が筆頭に挙げるのが、51（昭和26）年に結成された「協和党」である。同党は「天皇中心の世界」を打ち出している点では、れっきとした右翼である。だが、再軍備には反対し、「搾取のない崇高な社会」を目指していた。一種のユートピア信仰に近い。

これは協和党の前身である東亜連盟（石原莞爾《かんじ》が組織した戦前の右翼団体）の思想に限りなく近いものであったが、結成要綱で新たに「再軍備反対」「戦争放棄」「厳正中立」などを掲げた。「反共」一辺倒の戦後右翼にあって、その存在は異色でもあった。

新潟から「特急いなほ」で北上する。波と風雪によって浸食された断崖、奇岩に目を奪われ、寝ている暇などなかった。2時間ほどで酒田（山形県）に到着し、そこからレンタカーでさらに鳥海山麓の遊佐町《ゆざまち》へと向かう。

会いたい人はすでにこの世にいない。武田邦太郎——協和党の創設者である。

陸軍軍人・石原莞爾の側近としても知られた彼は、60年代に池田勇人総理の諮問機関・新農政研究所で農政部長を務め、後に赤城宗徳農林大臣顧問、田中角栄内閣では日本列島改造問題懇談会委員、さらに三木武夫内閣でも国民食糧会議委員等を委嘱された。90年代初頭には日本新党の旗揚げに参加し、同党参議院議員も務めている（1期）。

2012（平成24）年11月に99歳で亡くなったが、私は晩年の武田を何度か取材している。鳥海山の麓に、自宅はそのまま残っていた。いまは武田の娘さんが管理しているという。「あと1ヵ月生きていれば、100歳を迎えるところだった」と近所に住む歌川博男は残念そうに話した。歌川は父親の代から石原に私淑してきた。

五族協和という夢

裏山の頂に石原莞爾の墓がある。存命中の武田は「墓守」として毎朝の参拝を欠かさなかった。頂には土まんじゅうのような墓が建つ。石碑には「都市解体　農工一体　簡素生活」の文字が刻まれていた。石原が理想とした社会である。

石原は鶴岡市の出身で、一貫して軍人としての道を歩み、関東軍作戦主任参謀のときに、満州（中国東北部）の占領を画策する、いわゆる満州事変の作戦を指揮した。これは関東軍が自ら満鉄線路を爆破し、これを中国側の破壊活動だとして、侵略戦争の口実をつくったものである。満州全土を占領して満州国を建国するための自作自演だった。結果として中国侵略の突破口が開いた。国際連盟はこれを「陰謀」と判断し、加盟各国も日本の侵略行為を非難したが、日本は国際連盟を脱退。世界からの孤立と引き替えに、日本は満州での権益を確保した。石原は、その立役者、侵略の張本人である。

とはいえ、石原は単純な軍国主義者ではない。石原は中国本土で戦争が拡大する事態は望んでいなかった。満蒙（満州と内蒙古）はあくまでも日本の生命線であり、ここを領有することで、対ソ連、対米国の「最終戦争」に備えようとした。そのためには満州国を軸とした東亜の連携が必要だと考えていたのだ。

石原莞爾

だが、満州国の建国までは石原の思惑どおりではあったが、日本による完全な傀儡《かいらい》とすることには反対した。石原は中国も満州も、日本の植民地とすることは望まなかった。石原が目指したのは、どの国からも干渉を受けない「五族協和」（日本人・漢人・朝鮮人・満州人・蒙古人が共同で暮らす社会）の独立国をつくることである。そこに支配服従の関係があってはならなかった。しかし日本は一方的な植民地政策を推し進め、あくまでもアジア連帯を主張する石原は徐々に政治の枠外へ押しやられる。戦時中には憲兵の監視下に置かれるほどだった。石原は軍国主義化の日本においては危険人物だとされたのだ。

前述の「都市解体　農工一体　簡素生活」は、日蓮の教えを基盤とした石原の信条でもある。自然と親しむ田園生活に帰り、都市と地方の格差をなくし、余計な欲望を排した日常を取り戻せという、一種の農本主義だ。

戦後、石原はこの鳥海山麓で、夢を実現しようとした。自給自足の農村共同体である。差別も搾取もない小さな満州国を建設しようとしたのだ。終戦を迎え、石原は生まれ故郷である鶴岡に戻り、隣町の遊佐で、理想郷づくりをはじめた。

「小さな満州」を目指して

久しぶりに石原の墓を訪ねた。

墓所には訪れた人のための参拝ノートが置かれていた。1ページ目をめくってみると、いきなり〈朝鮮人、支那人〉といった文字が視界に飛び込んできた。

〈いま、日本の教育は朝鮮人や支那人によって歪められ……〉〈いつの日か朝鮮人や支那人を追放し……素晴らしい日本を取り戻す日が来るまで見守ってください〉。万緑の世界が、突然、汚泥で塗りつぶされたような気分となった。こんな場所にも薄汚いネトウヨが来るのだろう。彼らはいったい何を訴えたくて墓所まで足を運んだのか。

「五族共栄」「民族協和」の精神を唱え、「東亜諸民族の団結と協力で世界平和を目指す」、それが石原の持論だった。だからこそ朝鮮半島の植民地統治にも反対したのが石原という人間だった。下卑た文言を書き連ねることが石原莞爾の慰霊になるとでも思っているのか。

「墓守」をしていた武田は、かつて私にこう話してくれたことがある。

「ごくたまに勘違いした右翼がここを訪れて、気勢を上げたりしているが、不快でしかない。軍歌を流した街宣車が来た時には追い払ったこともあった」

そう言いながら武田は杖代わりの木の枝を頭上に振り上げて悪戯っぽく笑った。

とはいえ武田自身、右翼と目されることは否定しなかった。右翼問題の代表的な研究書として、しばしば記事や論文の引用元に挙げられる『右翼事典』（社会問題研究会編）でも、武田は「新生アジア協議会代表責任者」なる肩書で、次のように説明されている。

〈大正元年生まれ。広島県出身。東大卒。石原莞爾に私淑し、戦後、山形に西山農場を経営し、石原の老後をみとる。昭和二十一年、旧東亜連盟協会系によって精革会を結成、二十六年分裂して日蓮教同志会を創立。ついで国民党と合して協和党を結成、中央委員長に就任。四十五年二月十五日、曺寧柱等と新生アジア協議会を結成。〉

武田は東京帝国大学を卒業して鐘紡に入社した。同社農林部に所属し、満州において農場事業に取り組んでいるときに石原と知り合った。武田の従兄に当たる池本喜三夫《きさお》（当時、農政問題の権威として知られた）が石原のブレーンであったことも大きい。

『右翼事典』に名前の出てくる曺寧柱は、石原にとって一番の弟子であり、武田のよきパートナーでもあった。過去に在日本大韓民国民団（当時は在日本大韓民国居留民団）の団長を務めている。

韓国・慶尚北道に生まれた曺は１９３４（昭和9）年に日本に渡り、京都帝大に入るも滝川事件（京大における思想弾圧事件。多くの教員・学生が「赤化」を理由に追放された）に連座して退学。その後、立命館大学に移って空手を習い、腕っぷしの強さは日本中に知られた。

なお、その曺から空手の手ほどきを受けた者の一人が、「空手バカ一代」の大山倍達《ますたつ》（民族名・崔永宜）である。また、「猛牛《ファンソ》」として恐れられたヤクザ組織・東声会の創立者である町井久之（民族名・鄭建永）も曺の弟子筋に当たる。

若き日の曺はマルキストであり、朝鮮独立運動の闘士でもあった。

戦前、その曺と武田を結び付けたのが、石原莞爾が率いた国家社会主義団体「東亜連盟」である。39（昭和14）年、日中戦争の拡大に反対していた石原は新たな日中連携とアジア共同体を理念とする「東亜連盟」を結成した。五族協和を目指した政治団体だ。アジア各国の主権を認め、それぞれの独立性を認めるといった連盟の主張は、植民地朝鮮のなかでも一定の支持を得る。独立運動に関わった朝鮮人のなかにも、これに参加する者が少なくなかった。そのひとりが曺寧柱であり、曺に誘われた町井久之だった。

終戦直後、石原が目指した「小さな満州」建設には、武田、曺をはじめ全国から「東亜連盟」の理想に共鳴する者たちが参加した。開墾作業には町井久之や大山倍達、さらには戦前、大逆罪に問われたアナーキストの朴烈も参加している。開墾地は地域の名称をとって「西山農場」と名付けられた。前出の歌川も、終戦の翌年、父親に連れられて東京から西山農場に移住した。父親も東亜連盟の会員で、機関紙の発行に携わっていた。

墓守として生きる

だが、石原が目指した理想郷の維持は困難を極めた。「都市解体　農工一体　簡素生活」のスローガンのもと、完全自給自足の生活を実践したが、やせた土地で作物は思うように育たず、脱落者が相次いだ。１９４９年に石原が亡くなると、さらに多くの人が村を出た。

それでも武田は農場に残り、数少ない同志たちと開墾を続けた。

武田は、「協和党」「新生アジア協議会」といった政治団体にも関わった。石原が唱えたアジア主義の理想を広めるためである。分類上は「右翼」とされるこれら団体は、しかし日本の再軍備には慎重で、アジア各国の主権を尊重し、相互連携を目指すといった点で異色の存在といえた。戦争放棄をうたった憲法9条の遵守を誓った右翼など、この時代に協和党をおいて他にない。

武田はもともとは農業の専門家であることから、60年代には政府から助言を求められるようになる。すでに述べたように一時は自民党における農政顧問の役割を果たし、さらには日本新党の旗揚げに参加するなどもしたが、晩年は遊佐町からほとんど出ることなく、書物を紐解く以外は石原の「墓守」に徹した。

真の保守とは山桜のごとし

私が武田の自宅を何度か訪ねたのは2007(平成19)年だった。

石原莞爾について調べる過程で武田の存在を知ることとなり、アポイントも取らずに自宅にお邪魔したのである。その武田の口からは石原、曺、大山らはもちろん、さらには大川周明、甘粕正彦、辻政信(関東軍参謀)、和田勁(東亜連盟)、といった名前がポンポン飛び出し、戦後史の闇を覗き見たような感じがして、私は興奮を覚えた。

何度か武田のもとに通い、最後に会った日のことだ。一緒に裏山を登り、石原の墓を訪ねた。山桜が満開で、木立が淡い桃色にかすんでいた。武田が不意に話しかけてきた。

「靖国(神社)の桜は咲きましたか?」

花見に出かける習慣を持たない私は、どう答えてよいのかわからない。

「たぶん、満開だと思いますが……」

私のあやふやな答えにさほどの関心を持つふうでもなく、武田は続けた。

「靖国の桜はソメイヨシノですな。私はソメイヨシノがあまり好きではないんです。なんというか、あまりに華美で、自己主張が強すぎるような気がするんです。人工的な感じもします。その点、山桜はいい。素朴で、ひっそりと、控えめに、昔からそこにいるかのように優しく咲いています。風景の中で浮き上がることなく、自然と調和している」

それだけ話すと武田はゆっくりとした足取りで山を下りた。

武田は多くを語らなかったが、言いたいことは理解できた。武田は勇ましい言葉で国民を煽る右派勢力をソメイヨシノにたとえ、それをやんわりと批判したのだった。霞がふわっと湧きたつような山桜こそが、保守の風景だ。人の手を入れず、自然に任せ、歴史の風雪に耐えたものだけが生き残る。それが武田の訴えた日本の姿である。石原が夢見た差別も搾取もない理想郷＝五族協和の満州も、本来、そうした姿を目指していたはずだった。土に親しみ、太陽を崇めていけば、それだけで人は幸せになれるという思想である。

「車や電気がなくても、人間同士が協力できればなんとか生きていくことができると思ったんですけどね。それは無理でした。でも、せめて、自然に寄り添った生き方はしたいと思ってきたんです」

すでに深緑に染まった木立のなかで、私はあらためて武田の言葉を思い出していた。右翼とはいっても、すべてが同じ色に染まっているわけではなかった。

協和党は「新世界」を確立することなく、日本の再軍備と資本主義の発達の流れの中で自然消滅したが、一時はそこに理想を見出した右翼人も少なくなかった。その意味では、今になって振り返ってみれば、「協和党」は右翼を自称しながらも、現代のリベラル以上に、前衛的な政策を抱えていたのかもしれない。

戦後に復活した右翼のなかには、こうした色彩を放つ団体もあったのだ。

だが、右翼の世界もやがてキナ臭い匂いと単色の世界に塗りつぶされていく。

終戦から10年近くがすぎたころには、国家権力の暴力装置として振る舞うばかりか、一部は暴力団との結びつきを深めていくのである。

第三章　政治・暴力組織との融合

なぜ親米になったか

ＧＨＱによる追放解除で息を吹き返した右翼にとって、目前の敵は日本共産党をはじめとする左翼勢力だった。天皇信仰に基づく「国体護持」や、自国中心の「国粋主義」はスローガンとして生きてはいたが、かつての敵である米国は、もはや右翼にとっては「反共」のために利用すべき存在となっていた。その〝親米性〟こそが戦後右翼の最大の特徴であり、それは現在の右翼にも連綿と引き継がれている。

なぜ、戦時中まで「鬼畜米英」の先頭に立ち、欧米列強に抗していた右翼が、こうも簡単に「親米」へと変節したのであろうか。前章に登場した「大日本愛国党九州連合会」の生野は「現実問題として、日本は独自の力だけで国を守ることはできません。本当の意味での自立を果たすまでは米国を利用せざるを得ない。それまでに、しっかり軍備を固めましょう、というのが赤尾先生の時代から続く我々の主張です」と私に説明した。

古い上着を脱ぎ棄てても、右翼の細胞は体内に生きている。右翼が心情に訴えかける思想であることは先に述べた。国と民族を守る――右翼思想の根底に流れるのはナショナリズムである。日本の場合はそこに天皇への崇敬の念を重ね合わせ、時代状況に応じて、看板が塗り替えられてきた。

右翼としての新しい門出を考えたとき、エネルギーとすべきは「反共」だった。戦には敗れても、社会主義革命によって日本が日本でなくなることは避けねばならなかったのだ。社会主義（あるいはその発展形の共産主義）は、天皇を否定する。伝統よりも進歩を重視する。革命歌の「インターナショナル」に象徴されるように、国際連帯が国益以上に重視される（そうした意味において、北朝鮮など、現存する共産主義国家は本来の意味の共産主義を実行していない）。右翼にとっては、国を守るためにも、社会主義・共産主義は断じて許容できるものではなかった。〝容共〟は国家の否定にもつながるのだ。

そのためには「鬼畜」であった米国にもすり寄った。いや、右翼は右翼の論理に従い、未来の「自立」を念頭に米国の「利用」を考えた。社会主義革命から日本を守るために、天皇の温存に加担した米国を、ぎりぎりのところで「味方」だと判断したのだ。

だが、それは危うい綱渡りだ。右翼の思惑はともかく日本は結果的に米国の世界戦略にすっぽり埋め込まれている。駐留する米軍の基地問題を考えても、土地を提供するばかりか、人件費から水道光熱費までを「思いやり予算」で賄い、日米地位協定で米軍人に必要以上の厚遇を与えた。米国の他の同盟国を見渡しても突出したものだ。「利用」されているのは、まさに日本の側ではないのか。

さらに言えば、右翼の追放解除も表向きの意図はどうあれ、冷戦を前にして日本を反共の防波堤にすべく米国の意思が働いていたことは間違いない。むろん、それは「反共」が、右翼との共通の理念であったからこそ可能であった。

「反共」なる大義のもうひとつの危うさは、それが支配層にとって都合の良いイデオロギーであることだ。敗戦によって民主主義が舞い降りてきた（けっして勝ち取ったわけではない）日本では、ようやく人々の権利意識が顕在化する。農村では農民運動がおこり、企業や自治体で労働組合が結成された。それらを牽引したのは長きにわたって弾圧の憂き目を見てきた共産党をはじめとする「左翼勢力」である。支配層はこれを嫌悪した。彼らがいうところの「赤色革命」を引き起こしかねない民主主義の勢いを恐れた。

そのために、国家権力は、共産主義勢力と物理的に対抗できる右翼を欲した。つまるところ、革命の予防線としての暴力装置である。

反共抜刀隊

「反共抜刀隊」なる物騒な団体を立ち上げようとしたのは時の法務大臣、木村篤太郎《とくたろう》だった。１９５１（昭和26）年のことである。

木村は戦前、帝国弁護士会会長を務めた大物弁護士だったが、戦後、幣原喜重郎内閣時代に検事総長に任命され、次の吉田茂内閣では法相に登用された。破壊活動防止法（暴力主義的破壊活動を行った団体を規制する法律）をつくりあげたことでも知られる。

前掲書『右翼事典』には、「反共抜刀隊」構想のいきさつが詳細に述べられている。同書によると、きっかけとなったのは「日本青少年善導協会」という団体の設立計画だった。これは「近代的な反共運動」を目的に三田村武夫（戦前は衆院議員。戦後は公職追放の後、自民党衆院議員）らの呼びかけでつくられたもので、世話人には元内務官僚の丸山鶴吉や元警視庁特高部長の安倍源基《げんき》、後にフジサンケイグループ代表を務める鹿内《しかない》信隆などが名を連ねていた。いずれも戦後日本の「赤化」を憂いており、たとえば48年に発足した日経連（日本経営者団体連盟）で専務理事を務めていた鹿内などは、各地で頻発する労働争議において、労組や共産党との闘いの最前線に立たされていた。

彼らは協会の設立構想を法相の木村に相談した。すると木村はこう言い放ったという。

「そんなことをしても手遅れだ。いまごろ青少年を善導していて間に合うのか。もう半年もすれば赤色革命が起こるかもしれない。警察にもアカが入り込んでいる。いますぐ共産革命に反対して立つ団体ができないのか」

本気で「共産革命」を恐れ、破壊活動防止法をつくりあげた木村としては、著名人による「善導」活動など生ぬるい、という意識だったのだろう。

代わって木村が提案したのが「反共抜刀隊」構想であった。

共産党の武装闘争に対抗すべく、全国の博徒、テキヤ、愚連隊ほか約20万人を「反共」の旗の下に結集させ、左翼のデモや集会を暴力で潰すことを目的としたものだ。木村が欲していたのは呪文のように唱えるだけの反共ではなく、暴力装置としての〝即戦力〟だった。アウトローの暴力を頼りにするなど、政治家としてあるまじき行為である。しかも法の番人たる法務大臣が率先していたのだから唖然とするしかない。

「政・暴・右」のトライアングル

「反共抜刀隊」のまとめ役として木村らが目を付けたのは日本橋の侠客・梅津勘兵衛であった。梅津は戦前に「大日本国粋会」を立ち上げたことで知られる。同会は博徒の全国組織であったが、世話役として原敬内閣の内務大臣・床次《とこなみ》竹二郎を招き、また、顧問には大物右翼の頭山満を据えるなど、表向きは右翼団体の看板を掲げていた。現在、山口組の二次団体である国粋会の源流である。

「反共抜刀隊」構想を打ち明けられた梅津は当初、首を縦に振らなかったという。

「警察とMP（米軍憲兵）が博打場に乗り込んでホールドアップを叫んで取り締まっているような現状で、オレたちに国体を守れと言われても誰も話にはのらない」

そう言って冷たくあしらった。博打場の運営で食っている梅津からすれば、なぜに警察の味方をしなければならぬのか、という思いだったのだろう。すると法相の木村は説得のため梅津宅に直接乗り込んだ。そして、とんでもないことをブチあげる。

「刑法を改正し、賭博事犯は現行犯以外は検挙させないようにする」

閣僚の権限をも逸脱した大胆すぎる提案に、さすがの梅津も折れた。かくて木村の〝配慮〟を受けた梅津も組織づくりに奔走することになる。

梅津のはたらきかけで田甫《たんぼ》一家、生井《なまい》一家、住吉一家、極東桜井一家など、名だたる博徒が「反共抜刀隊」への協力を了承した。関西では土建業の寅林組の創設者で、地元博徒とも深い縁のある小西寅松（後に自民党衆院議員）が協力を買って出た。法相の木村は年間3億円超の予算も確約した。

木村篤太郎

こうして、いよいよ「反共抜刀隊」が動き出そうとしたとき、これにストップをかけたのが首相の吉田茂だった。吉田からすれば、さすがに国政与党が裏社会と表立って関わり合いを持つことは避けたかったのであろう。「反共抜刀隊」構想は幻のままに潰えた。

しかし潰えたとはいえ、構想実現に向けて話し合いが重ねられたこともあり、そこに新たな人脈が完成した。それまで別個に存在していた政界と暴力団、そして右翼団体がゆるやかにつながったのだ。今日の警察用語では「右翼標榜暴力団」とも呼ばれる任侠系右翼だが、もともとは国家権力の呼びかけでつくられた側面もあるのだ。

自民党院外団

ちなみに木村篤太郎は、後に自民党の院外団「自由民主党同志会」の会長に納まった。院外団とは党要人の公務外におけるボディーガードやトラブル処理も引き受けてきた支援組織で、かつては自民党本部内に事務所を構えていた（02年に移転）。木村はテキヤ組織である街商組合の顧問にも就任したため、同志会のメンバーには右翼、暴力団関係者も多く、自民党の名前を用いて恐喝事件を起こした者もいた。

実は1990年代まで、自民党本部を訪ねると、1階奥にある院外団室から袴姿の大物右翼が出てくる姿を目にすることもできた。そうしたことから、同志会はマスコミ業界においては「自民党を拠点とする事件屋集団」といったイメージを持たれることも多かった。

現在「同志会とは無関係」（党本部）ということになっているが、同志会を名乗る組織は存続している。実際、同志会のホームページには自民党のロゴが使われ、規約には〈1、自由民主党総裁が掲げる政治理念、信条、及び政策の実現をめざし、これを徹底的に支持し擁護すること　2、自由民主党総裁から要請あるときは、その要請に基づき、一切の見返りを求めることなくこれに応えること　3、自由民主党支持者の拡大に貢献すること　4、自由民主党所属の国会及び地方議員の政治活動を応援すること〉といった文言が並ぶ。また、入会資格も自民党員、国会議員経験者、同党支持者などに限定されている。あくまで自民党の応援団であることを訴えてはいるが、実際の活動内容は伝わってこない。

現在、同志会の総裁を務める人物は、2008（平成20）年、大手右翼団体「日本青年社」が石和温泉のホテルで開いた「新春の集い」に招かれ、次のように挨拶した。

「思えば、日本青年社と自由民主党同志会とは、青年社の前身である楠皇道隊と共同歩調をとり、左翼集団との闘いで事に対処した、岸信介内閣時代におけるあの安保闘争をきっかけに、昭和46年、佐藤栄作内閣の沖縄返還以来、そこからの強力な結び付きなのであります。国を憂い、民を考え、他の人のために汗を流し、国のために血を流し、己のためには決して一滴も涙しない。そのような行動を実践している日本青年社は、保守の中の革新であって、テロ行為などをもって国家の転覆を謀るなどの言動をとる左翼集団とは全く異なり、21世紀の右翼の姿を体現しておると考えます」

自民党との関係を強調しながら、右翼へのシンパシーを隠していない。いや、それどころか日本青年社との「強力な結び付き」を主張している。

ちなみに同志会の担当者は「現在は右翼や暴力団との付き合いはない」と私の取材に答えた。

「島を守ってくれた」

ところで、日本青年社は言うまでもなく日本有数の右翼団体である。総裁が「挨拶」の中で言及しているように、その前身は1961（昭和36）年に結成された任俠系右翼の「楠皇道隊」だ。創設者の小林楠扶《くすお》は暴力団・住吉一家の幹部でもあった。69年に日本青年社に改称している。

78年には、尖閣諸島魚釣島に上陸、灯台を建設したことで話題となった。これ以降、2005（平成17）年に同諸島が日本政府に譲渡されるまでの間、日本青年社により毎年維持管理が行われてきた。また、00年6月、同社の構成員が〝不敬記事〟を理由に、月刊誌『噂の真相』編集部を襲撃するという事件も起こしている。現在も構成員は約2000名といわれ、全国各地に支部を持つ。

日本青年社が暴力団組織をルーツに持つ〝任俠系〟組織であることは、過去に国会でも指摘されている。00年11月1日、第150回国会の国家基本政策委員会合同審査会。共産党の不破哲三は、日本青年社と自民党議員の関係を質すなかで、次のように発言した。

「この日本青年社というのは、政府公安調査庁が提供した資料によりますと、暴力団住吉会小林会を母体とする典型的な暴力団系右翼団体だと、そう規定をされています」

これに対し、森喜朗首相（当時）は「承知していない」「特定の団体との関係はない」と返答している。だが、05年には自民党、民主党（当時）などの国会議員でつくる「日本の領土を守るため行動する議員連盟」（当時会長・森岡正宏衆院議員＝自民）が、国会内で開いた会合に日本青年社の幹部を招いたことも問題となった。

領土問題を話し合うこの会合に、日本青年社の総局長の肩書を持つ人物が招かれ、「最近の尖閣諸島をめぐる動き」について30分間の報告を行った。これを受けて議員連盟会長の森岡が「島を守ってくれた日本青年社に感謝をしなくてはならない」と発言している。会合には自民、民主両党から15名の議員が参加していた。ちなみに会合に呼ばれていた内閣府、海上保安庁の係官は、さすがに右翼団体との同席はまずいと思ったのか、わざと時間をずらして出席したという。

右翼、暴力団、そして自民党――「反共抜刀隊」構想の際に結ばれた政権政党と裏社会を繋ぐラインは、現代でも生き続けているようにも思える。

政財界と結びつく

自由民主党同志会の設立は自民党結党（自由党・日本民主党両党による保守合同）と同じ1955（昭和30）年である。60年安保を前にして、保守陣営の危機感が高まった時期だった。その頃から暴力団の右翼化と、右翼団体の再編が加速されていくことになる。

まず、ヤクザ組織を背景とする日本義人党、日本国粋会、日乃丸青年隊、松葉会、錦政会、北星会などが政治結社として届け出をした。松葉会は政治結社の申請にともない、次のような趣意書を発表している。

〈此処において松葉会は、責任ある自覚に基づいて、かかる現状にあえぐ日本国民、さらには全人類のために、民主主義政治を援護増強すべく、又、横暴なる共産主義の侵略には、断固として抗すべく、起ちあがったのである〉

結成の翌年、松葉会は二・二六事件以降、初の新聞社へのテロ事件を起こしている。これは毎日新聞が〈政治家の花輪ずらり　松葉会親分夫人の葬式〝くされ縁〟に批判〉という見出しで、ヤクザと政治家の交際を批判する記事を書いたことに抗議するものだった。60年4月、松葉会会員ら十数名は発煙筒や消火弾を持って当時有楽町にあった同紙本社に乱入。発送室の窓ガラスを叩き割るなどして逮捕されている。政治結社であると宣言しても、ヤクザ的体質に変わりはなかった。

一方、右翼もまた、政財界との結びつきを深くしていく。右翼は体制維持の「別動隊」として機能したのである。

1958(昭和33)年に結成された「新日本協議会」がその代表例であろう。同会は自主憲法の制定、国軍復活などをうたった右翼・反共団体の横断組織だ。結成資金を提供したのは右派財界人として知られた三菱電機会長の高杉晋一だった。高杉は元内相の安倍源基と一緒に「このままでは日本は赤化する」と触れ回り、右翼団体のみならず、各界の有識者も集めた。財界と右翼、反共人士の結合で「赤化への対抗」を目指したのだ。

代表理事には前述した木村篤太郎、陽明学者で「昭和の黒幕」とも呼ばれた安岡正篤《まさひろ》が名を連ねた。ここに右翼の側からは大森曹玄(二・二六事件にも関与した戦前からの活動家)、島津定泰(日本革命菊旗同志会)、鈴木善一(戦前に神兵隊事件に連座。大日本生産党)などが参加。また、戦前に共産党幹部を務め、獄中転向した鍋山貞親も理事を務めている。

建国記念の日制定の裏に

一方では、右翼内部の再編も進んだ。

59(昭和34)年、80団体が参加して右翼の横断組織「全日本愛国者団体会議」(全愛会議)が結成された。方向性がバラバラで連携の乏しかった右翼団体の結束を図るもので、各団体の自主性を重んじながらも、反共・再軍備・改憲・領土といった分野での共闘を目指した。議長団には戦前に東京駅で濱口雄幸首相を襲撃した佐郷屋留雄、大物総会屋としても知られる西山廣喜などが就任している。

西山はもともと社会党員だった。部落解放同盟委員長を務め「部落解放の父」と呼ばれた松本治一郎とは特に関係が深い。しかし50年代に「室町将軍」（東京・日本橋室町の三井ビルに事務所を構えたことからそう呼ばれた）の異名を持つ政界フィクサーの三浦義一と知り合い、右翼に転向した。その三浦も、全愛会議の顧問に就任している。

三浦は戦前の若いころは北原白秋の門下生になるなど、ドストエフスキーを好む文学青年であったが、その後、国家主義の道に入り、理論誌『国策』の発行人となる。父親が衆院議員だった関係から、その縁で東条英機とも親しかった。戦後は公職追放を受けたが、GHQの反共人脈に食い込み、政財界要人との親交を重ねながら、いまでいうところのロビイストとして活動。フィクサーの地位を確立させた。自民党の有力議員との関係も深く、なかでも佐藤栄作（元総理）の相談役であったことはよく知られている。

一部には、三浦が「建国記念の日」を2月11日に定めた〝功労者〟だったという説もある。

戦後、GHQの政策によって、それまで日本建国の日とされていた2月11日の「紀元節」が廃止された。もともと建国がいつであったかは定かでなく、戦前の日本は『日本書紀』

を出典とし、神武天皇即位の日とされる2月11日を紀元節に定めていた。

占領政策が終わり、60年代に入ってから、右派勢力によって2月11日を祝日と定めることを目的とした「建国記念の日制定運動」が起こる。戦前型天皇制の復活だとして左派は反発し、世論も二分された。だが、66年、佐藤栄作内閣によって正式に建国記念の日として祝日に制定されるのである。その際、反対世論を押し切った佐藤の背後に三浦がいたというのである。

ジャーナリスト猪野健治は、著書『日本の右翼』で、西山廣喜の証言に基づいて次のように描写している。

建国記念の日について態度を決めかねていた佐藤栄作に対し、三浦義一が電話でプレッシャーをかけた。三浦は簡単に挨拶を済ませた後、佐藤に向けてこう述べた。

〈ときに建国記念日の問題だが、二月十一日にしてもらわなきゃ責任はもてない。たのんだよ〉

受話器を戻すと三浦は〈おい、二月十一日にきまったよ〉と周囲の者に平然とした表情で告げた。それから3日後の閣議で、そのとおりに決定したというのである。

事実とすれば、恫喝に等しい三浦の一声が、佐藤の背中を押したことになる。こうした右翼重鎮たちによって組織された「全愛会議」は、第二章で述べた「大日本愛国団体連合・

時局対策協議会」（時対協）と並び、いまなお行動右翼の連合体として活動を続けている。

日韓の絆

全愛会議の結成と同じ時期、やはり反共と国民精神高揚の目標を掲げて、「日本国民会議」なる連合体が発足した。こちらは右翼のみならず、「生長の家」など神道系の宗教組織が参加している点が特徴と言える。中心人物は、上海の特務機関に籍を置いたこともある戸松慶議《とまつけいぎ》である。

戸松も早稲田の学生時代は安部磯雄の影響を受けた社会主義者だった。しかしその後に知り合った安岡正篤の影響で国家神道を学び、満鉄勤務を経て特務（スパイ）となる。戦後は一貫して右翼の道を歩んだ。

この「日本国民会議」の事務局長を務めたのが和田獅郎という人物で、戦前に石原莞爾の片腕といわれていた和田勁の息子である。

和田勁は石原がつくった東亜連盟の初期メンバーで、戦前は東京事務所の責任者を任されていた。石原が亡くなったとき、葬儀委員長を務めたのも和田である。さらにいえば、マルクスボーイだった前出の曺寧柱（元大韓民国民団団長）を右翼の道に引きずり込んだのも和田勁だった。和田の息子である獅郎も当然のように右翼の道に入り、「日本国民会議」事務局長を務めることになる。その後、獅郎は曺寧柱がつくった右翼団体「新生アジア協議会」でも活動するようになる。

かつて私が獅郎を取材した際、彼は次のように答えている。

「私は父親の影響で10代のころから東亜連盟に入って活動しました。その時に知り合ったのが曺寧柱先生です。先生が『新生アジア協議会』を結成された時は、私も誘われてそこでも事務局長を務めました。ちなみに『新生アジア協議会』のスポンサーは町井久之さんでした。町井さんは毎月、当時（1960年代）のカネで50万円を出してくれたんです」

暴力団・東声会のトップである町井久之（民族名・鄭建永）についても先に触れた。

曺寧柱にしても、あるいは町井にしても、在日コリアンである彼らがなぜに日本の右翼となるのか理解に苦しむ向きもあるだろう。もちろん当時は「反共」なる大義名分を前に、むしろ日韓の裏社会が太いパイプで結ばれていたという時代背景もある。「反韓・嫌韓」を叫ぶことだけが愛国だと思い込んでいるネトウヨ世代には理解できないだろうが、右翼界隈にあって日韓は、「対北朝鮮」の同志でもあった。

「かつては反共という価値観がすべてに優先しました。そうした意味で、韓国を同志とする見方が右翼では支配的でした」

そう話すのは、全日本愛国者団体会議（全愛会議）の顧問を務める三澤浩一（58歳）だ。前述したように、全愛会議は時対協と並ぶ右翼団体の全国組織である。学生時代から右翼の世界で生きてきた三澤が、〝親韓〟から〝嫌韓〟に変化した右翼の経緯について説明する。

「韓国が軍事政権だった時代、日本の右翼は韓国の軍部に太いパイプがありました。右翼にとって北朝鮮は日韓共通の敵でしたから、歩調を合わせるのは当然です。日韓で異なる歴史認識の問題は、北朝鮮が崩壊するまで棚上げしようと考えていました」

しかし87年に韓国で軍事政権が終焉を迎え、民主化が実現したことで、右翼は〝反共のパートナー〟を失う。

「右翼は軍部とはつながりがありましたが、民間との交流はありませんでした。当時の右翼は韓国の軍事政権が永遠に続くものだと考えていたのでしょう。韓国の民主化は、結果的に右翼と韓国のパイプが消滅したことを意味します」

これによって「棚上げ」されていた歴史問題が対立の火種となる。同志関係は、いつしか互いを「敵」として認識するに至ったというのだ。

2017年1月、私はこんな光景を目にした。場所は沖縄・辺野古《へのこ》（名護市）だ。

新基地建設問題の渦中にある辺野古では連日、基地に反対する多くの市民が座り込みの抵抗を続けている。そこで私が反対派市民を取材している最中に、黒塗りの右翼街宣車が押し掛けてきた。街宣車のスピーカーを通して、彼らは大声でこう叫んだのである。

「朝鮮人は出て行けー！」

「こらあ、朝鮮人、そんなところで何やってんだ！」

「新基地建設に反対する市民」イコール「朝鮮人」だと決めつけている——最近は右翼の一部も、ネットのデマに振り回されるネトウヨ連中と何ら変わりがないのだ。この団体は「日思会」なる集団であった。

実は、私は過去に「日思会」の創立メンバーを取材したことがある。

すでに同会を引退したその人物は、那覇市内のホテルで私と会った際、腕にはめた高級時計を「ほら」と見せてくれた。文字盤の裏には「町井久之」の名前が彫られていた。

この人物によると、沖縄で最も歴史ある行動右翼ともいうべき「日思会」は、もともと町井が率いた東声会の沖縄支部が前身だという。

町井は沖縄にも拠点をつくるべく、当時、沖縄の裏社会に通じていた宜保《ぎぼ》俊夫（後に琉映社長）に声をかけ、まずは債権回収などを手掛ける琉球探偵社を設立。地元の不良少年などを集め、右翼団体に発展させたという。先の人物は、そのときの設立メンバーの一人であり、結成記念として町井から腕時計をプレゼントされたのだった。

いまやネトウヨと変わらぬ、剝き出しの排外主義とヘイトスピーチで反基地運動を貶める「日思会」だが、組織の創設に関わったのが「在日」であることを知っているメンバーはどれほどいるのだろうか。「朝鮮人出て行け」と連呼する彼らは、自らの組織の歴史を否定しているに等しい。

「赤色勢力との対決」

話を元に戻そう。

60年前後といえば、日本社会は米軍の日本駐留を引き続き認めた日米安保条約をめぐる反対運動で揺れていた時期でもある。

社会・共産両党をはじめとする革新勢力、総評（日本労働組合総評議会）を中心とする労働運動、全学連（全日本学生自治会総連合）などの学生団体が、こぞって「反安保」の闘いを展開した。この「安保闘争」は戦後最大の国民運動でもあった。これに対する危機感が、右翼運動をさらに活発化させる。

59（昭和34）年7月25日、結成されたばかりの全愛会議を中心に、日比谷公会堂で「安保改定促進愛国者協議会国民大会」が開催された。約2000人の参加者は集会後、芝公園までデモ行進し、「赤色勢力と対決するために、必要とあらば直接行動も辞さない」と気勢を上げた。その2ヵ月後には、やはり結成直後の「新日本協議会」が九段会館で「安保改定国民会議」を開いている。

抜刀隊の亡霊再び

60年、安保改定が近づくと、いよいよ「安保闘争」の盛り上がりも最高潮を迎える。国会前には連日、10万人単位のデモ隊が押し寄せた。6月4日には全国で560万人がストに参加、政府は追い込まれた。

安保改定に合わせて、米国からはアイゼンハワー(アイク)大統領の訪日がセットされていた。予定では6月19日にアイク大統領と天皇がオープンカーに同乗し、羽田から皇居までパレードすることになっている。警察は当然ながら10万人単位のデモ隊からアイクや天皇を守らなければならない。しかし、当時、警視庁警察官の数は2万4000名である。すべて動員できたとしても手薄感は否めない。

そこで首相の岸信介が考えたのは、不十分な警備を全国の右翼や任侠組織で補うことだった。今の時代であれば内閣が吹っ飛ぶくらいの大問題となっていたことだろう。逆に言えば、この時代はまだ、政界と任侠を隔てる壁は低かったのである。

自民党は幹事長の川島正次郎を通じて、まずは大物右翼の児玉誉士夫(後述)に協力を依頼した。児玉のはたらきかけで、稲川会の前身である鶴政会、尾津組などの有力暴力団が警備参加を表明。さらに各地の右翼団体もこれに倣った。大東塾や生長の家といった神道系団体も警備に回ることを自ら名乗り出た。

そして、これをまとめるために自民党が組織したのが「アイク歓迎実行委員会」（橋本登美三郎委員長）である。先の『右翼事典』によれば、「アイク歓迎実行委員会」の計画は、博徒1万8000人、テキヤ1万人、旧軍人と宗教関係者1万人、右翼4000人、その他5000人の、総勢4万7000人を警備に当たらせるというものだった。警備に必要なノボリ、腕章、バッジ、武器となる棍棒はもちろんのこと、ヘリコプターやセスナ機まで用意された。幻で終わった「反共抜刀隊」構想がよみがえったかのような布陣だった。

ところが、アイク訪日直前の6月15日、国会前で反対運動に参加していた東大生・樺美智子が死亡する。この事件は国民に大きな衝撃を与え、反対運動のさらなる激化が予測された。こうした中での「アイク訪日」は、かえって火に油を注ぐことになるのではないかとの意見が自民党内でも相次いだこともあり、結局、「アイク訪日」は延期、自民党指揮下における「ヤクザ・右翼連合」の出番は、またも不発に終わった。

暴力装置としての右翼

2度にわたりアウトロー大動員計画は実現を見なかったわけだが、前回と同様、右翼とヤクザ、相互の交流は活発化する。一方で右翼による直接行動が問題となったのも60年代前半だった。浅沼社会党委員長刺殺事件（60年）、中央公論社社長宅襲撃事件（嶋中事件・61年）などのテロが相次ぐ。両事件ともに、大日本愛国党の元党員によって引き起こされた事件だった。

後者の事件は、『中央公論』60年12月号に発表された深沢七郎の小説「風流夢譚」が端緒となっている。小説の中に天皇一家を揶揄するような場面が含まれており、それを問題視した大日本愛国党所属の少年（17歳・事件当日に離党）が中央公論社社長宅に侵入、社長夫人に重傷を負わせ、止めに入った家政婦を殺害したというものだ。

この事件がメディアに与えた影響は大きかった。有り体に言えば、右翼テロへの恐怖心から、皇室に関する言論は萎縮を強いられた。以後、今日に至るまで「天皇の戦争責任」をはじめ、皇室批判を正面から訴える商業誌はほとんど存在しないと言ってよい。皇室報道に関しては、暴力装置としての右翼の存在が常に重石となって記者にのしかかってくる。

２０００（平成12）年に月刊誌『噂の真相』編集部が日本青年社の構成員に襲撃された一件は先に触れたが、同事件以外にも、少なくない出版社が皇室報道をめぐって右翼の抗議を受けてきた（宝島社や文藝春秋社長宅は銃弾を撃ち込まれている）。

メディアに対してのテロではないが、１９９０年には「（昭和）天皇に戦争責任がある」

と発言した本島等（長崎市長）が、右翼団体「正氣塾《せいき》」幹部に狙撃されるといった事件も起きている。この発言をめぐっては自民党が本島に対して発言撤回を求めたほか、全国の右翼団体が長崎に集まり、街宣活動を行うなどした。だが、本島は発言を撤回せず、テロの標的とされたのである。

三無事件

この時期には、日本の右翼史においてけっして無視することのできない出来事があった。三無《さんゆう》事件――１９６１（昭和36）年、旧日本軍将校や右翼学生を中心としたクーデター未遂事件である。長崎の造船会社、川南《かわなみ》工業元社長の川南豊作がクーデター計画の立案者だった。自衛隊の協力を得たうえで国会を襲撃、政府要人を暗殺して右翼臨時政府を樹立しようとする筋書きである。川南ら首謀者が「三無主義」（無戦争・無税・無失業）による社会建設を目指していたことから、三無事件と呼ばれた。

このクーデター計画は事前に情報が警察に漏れたことで実行には至らず、関係者は殺人予備罪などによって検挙された。ちなみに破防法適用第1号の事件としても記録される。

計画立案者の川南は戦前にイワシのトマト煮缶詰の工場を起こして財を成し、その後、造船業に進出して海軍御用達の軍需工場を長崎で操業。川南工業を日本有数の艦船建造会社に育てた。しかし、戦後は軍との関係から公職追放の処分を受け、さらに労働争議や経営陣の内紛なども重なり、59年には経営から手を引いた。事件当時、川南工業にはかつての大企業の面影はなく、すでに倒産間近の零細企業に転落していた。

川南が三無主義によるクーデター計画を抱くようになった正確な経緯は明らかとなっていない。もともとの右翼思想だけでなく、争議を経験する中でより強くなった反共思想、さらには経営悪化に伴う差し押さえ処分などを経て、「三無」のひとつである無税社会への憧れなどもあったと言われる。そこにたまたま、社会の赤化を憂う旧軍人との交流も重なり、憂国の念がクーデター計画へと発展したという見方が一般的だ。

実行部隊リーダーとの対話

2013（平成25）年春のことだ。私は事件の首謀者の一人である篠田英悟を訪ねた。すでに90歳という高齢だったが、篠田は横浜市内の古いアパートで独り暮らしをしていた。

部屋の前に立つと、室内から怒気を含んだ大声が響いてきた。

「日本人として、どう生きるべきか！　アメリカはどこまで日本を破壊し続けるのだ！」

噂に聞いたとおりだった。篠田は日がな一日、アジテーション演説を続けている――関係者や近所の人はそう教えてくれていた。

篠田は第二次世界大戦中は海軍航空隊に所属していた。戦後、川南の片腕となり川南工業の組合対策を任され、労務屋として腕を振るう。クーデター計画においては右翼人士や学生をオルグし、事実上、実行部隊のリーダー役を務めた。

私はアパートのドアを叩き続けたが、何の応答もなかった。90過ぎの老人とは思えぬドスの利いた声で「わが民族の誇り」だの「腐りきった政界」といった脈絡のない文言が連呼されるばかりだった。

どうしても篠田に話を聞いてみたいのだとアパートの大家に相談すると、親切な大家は、ハシゴを使ってベランダから呼びかけてみたらどうかと提案してくれた。篠田は耳が遠く、いくら玄関をノックしても出てこないので、大家自身もハシゴでアプローチすることがあるのだという。

言われたとおり、私は2階のベランダにハシゴをかけた。案の定、篠田はベランダの窓を開け放したまま、ごろんと横になっている。

〈取材に来ました〉と書いた紙を篠田に見せると、特に慌てた様子を見せることなく、「では、玄関からどうぞっ！」と怒鳴るように吼えた。

再び玄関の前に立つとドアが開いた。

「こんな部屋だからね。覚悟して入りなさいっ！」

六畳一間の和室だった。畳はほとんど腐りかけで、じめじめした感触が足裏に伝わってくる。壁には教育勅語が掲げられていた。

Tシャツ、短パン姿の篠田は実年齢よりも若く見えた。足腰こそ弱っているものの、柔道選手のような体格は威圧感に満ちている。万年床にドスンと音を立てて腰を落とすと、目をかっと見開き、「何が聞きたいっ!」と私の前に顔を突き出した。三無事件について知りたいのだと話すと、篠田は背筋をピンと伸ばし、今度は目を閉じて一気にまくしたてた。

「時は昭和35年6月! ソ連、中共、日本社会党によって扇動された数万の左翼学生らは、安保条約締結を阻止せんがため、連日、国会議事堂を取り囲んだのである。当時の岸総理、渋谷区南平台の自宅で泣いておった。このままでは日本が赤化する。そこでっ、我々が立ち上がったのである!」

いわゆる60年安保闘争の場面である。篠田はまるで釈台を前にした講談師だった。

「我々は各方面から憂国の情を持つ青年を集め、帝国軍人とともに赤化革命阻止、三無の実現に向け……」

講談調の説明が続く。事実関係は間違っていない。三無事件の引き金となったのが60年安保闘争の盛り上がりであることは裁判資料でも明らかとなっている。

左派から右派へ転向する理由

クーデター計画の概要は以下の通りだった。

①通常国会開会式の日（12月9日）、武装した約２００名で国会に突入、占拠。②閣僚全員を監禁、抵抗する者は射殺。③報道管制を敷く。④自衛隊には中立を働きかけ、鎮圧部隊の出動は内部の協力者に抑えてもらう。⑤戒厳令施行。三無主義をスローガンとした臨時政府を樹立。⑥容共的な政治家、労組指導者などを粛清。

物騒な計画だが、内実は杜撰《ずさん》そのもので、押収された武器も日本刀8振、ライフル銃2丁と防毒マスクくらいだった。しかも、さほどの警戒心もなく複数の自衛隊員に計画を持ちかけるなど、情報管理も甘く、準備段階で警視庁の知るところとなり、関係者22人が殺人予備罪、銃刀法違反などで逮捕されたのだった。篠田も懲役1年6月の判決を受けて下獄。その後は表舞台に立つこともなく、横浜のアパートに40年以上も住み続けている。

篠田は戦後間もないころ、九州の「日本革命菊旗同志会」に籍を置いていた。菊旗同志会は終戦直後に結成された右翼団体であるが、徹底した反共路線を打ち出しつつも、戦前の右翼を「戦争便乗観念論者」「反動」と批判、さらには人種・民族・国籍による差別政策反対を訴えるなど、戦後派右翼の〝変わりダネ〟として注目されていた。九州各地の企業、炭鉱などにも支部を持ち、共産党勢力に対抗するための〝争議つぶし〟でも活躍した。

同会の顧問を務めていたのは『緑の故郷』、『麗人』など原節子の主演映画を撮ったことで知られる映画監督の渡辺邦男である。この渡辺の経歴も興味深い。早稲田大学での学生時代は後に日本社会党委員長となる浅沼稲次郎らと、「最も合理的なる新社会の建設」をうたう社会運動組織「建設者同盟」の結成に参加。建設者同盟は当時、東京帝国大学の新人会と並ぶリベラル派学生団体だった。

大学卒業後は映画会社の日活に入社。映画人としての人生を歩むようになるが、思想的には右翼に転向。「菊旗同志会」の創設に関わった。戦後の東宝争議（終戦直後に映画会社・東宝で起きた争議。鎮圧に米軍が投入されるなど、戦後最大の労働争議だと言われる）では、菊旗同志会の一員として会社側に立ち、労組を敵に闘った。その後、娯楽路線で売った新東宝の創設にも関わっている。左翼からの転向という渡辺の人生もまた、赤尾敏、福田素顕といった戦前派右翼と重なるものがある。

それにしても、なぜ、左派から右派に転向する活動家がこれほどまでに多いのだろうか。社会学の現場では、１９３０年代は「転向の時代」と呼称されることが多い。当時は官憲からのプレッシャーも大きかったはずだ。社会主義者を名乗るだけで逮捕された時代である。度重なる弾圧が、思想の継続を許さなかった。たとえば戦前共産党の活動家の多くは、獄中で転向している。苛烈を極めた取り調べによって、生き方を変えた者は少なくない。

とはいえ、もともと社会への深い関心から左翼となった者たちだ。左翼思想を捨てたとしても、社会への関心まで失うことはない。彼らは蓄積された知識を生かす場として、右派への接近を試みた。また、戦前右翼は、皇国史観の持ち主であると同時に、国家社会主義者でもあった。文字通り、国家主義と社会主義を融合させたものであるが、左翼から右翼に転向するにあたって、必ずしも社会主義者であることを捨てる必要はなかった。転向の垣根は低かったと言える。

むろん、転向をそれだけの理由で合理化させることは難しい。

吉本隆明は『転向論』のなかで、戦前の転向者が戦後になっても再転向しなかった事象を取り上げ、弾圧や過酷な取り調べといった外的要因を否定する。吉本が指摘するのは、現実を前にしたときに生じた「孤立にたいする自省」である。すなわち、自身の中での思想の変化だ。

〈理に合わぬ、つまらないものとしてみえた日本的な情況が、それなりに自足したものとして存在するものだという認識によって示される〉（『転向論』）

わかりやすく言えば、天皇制や日本の土着思想というものが「それほど悪いものではない」と認識することで、圧倒的な現実を知り、受け入れ、抱えてきた理想の敗北を認めるのである。

怪僧・池口恵観

さて、講談調でアジり続ける篠田が三無事件の「同志」として名を挙げたのが、〝炎の行者〟として、つとに知られる怪僧・池口恵観《えかん》だった。一時期は永田町の黒幕、政界のラスプーチンなどと呼ばれた人物である。政治、経済、芸能、スポーツの各分野に幅広い人脈を持ち、多くの著名人が彼のもとへ足繁く通った。森喜朗、小泉純一郎、安倍晋三といった歴代総理の面々。清原和博、金本知憲《ともあき》などのアスリート。あるいは角川春樹、家田荘子といったメディア関係者。いずれも池口の信奉者だった。日本青年社をはじめとする右翼団体と深い関係がありながら、北朝鮮への訪問も繰り返し、朝鮮総連の本部ビル買収に乗り出した際は「北の手先」といった批判も受けた。

その池口は大隅半島のほぼ中央に位置する鹿児島県東串良町《ひがしくしらちょう》の柏原という集落で1936（昭和11）年に生まれた。いまも見渡すかぎり田畑ばかりの長閑《のどか》な田舎町だ。

池口の本名は鮫島正純。池口恵観を名乗るのは、大学生の頃に両親が離縁してからである。ちなみに元首相小泉純一郎の父、純也は同県内川辺郡（現南さつま市）の出身で、旧姓は鮫島である。「両鮫島家は遠縁にあたる」というのは池口の弁だ。池口によれば生家は室町時代から500年以上も続く修験行者の家系で、父親は真言宗の僧侶であった。

「お坊さんというより、あの家は祈禱師みたいなことをやっとったなあ」

同地を訪ねた際、地元の古老はそう振り返った。

池口は地元の志布志高校を経て、和歌山県の高野山大学に進学した。高野山真言宗が経営する宗門立大学である。一般大学に進み、いずれは新聞記者かパイロットになりたいという夢もあったそうだが、池口を行者の跡継ぎに決めた両親の勧めに逆らうことができなかったという。大学時代は相撲部の花形選手で、全国学生選手権大会では「優秀32選手」にも選ばれた。このとき同じく「32選手」に選ばれた一人が、東京農大の長濱廣光で、後に「豊山」のしこ名で小結となる。卒業後、池口は印刷会社でサラリーマン生活を送るも、肌に合わず半年も経たずして退職。九州へ戻った。

今後、何をすべきか。どう生きるべきか。日課の護摩行を続けながら、若者特有の悶々とした気持ちを持て余していた。

国会潜入

60年のことである。そこへ訪ねてきたのが、池口の友人の兄である篠田だった。川南の部下としてクーデターのオルガナイザーを務めていた篠田は、愛国心に篤いと評判だった池口に計画を打ち明ける。池口が学生相撲の元有力選手で体力もあり、気性が激しい性格であったことも、オルグ対象となった理由である。

「共産革命を阻止するための予防革命を計画している。そのためにいま、国会に潜入できる者を探している。ぜひ、君にやってもらいたい。日本をアカから守るために大役を引き受けてくれ」

篠田の熱心な〝オルグ〟を受けた池口は、私の取材に対して次のように答えている。

「その当時、このまま行者として生きていくことに迷いもあったんです。身体ごと飛び込んでいける世界への憧れみたいなものもあったんでしょうな。もちろん、共産革命から仏教を守らねばならんという危機感もあった。それが危険を伴う〝仕事〟であるっていうことも理解してはおりましたが、いつしか高揚を感じていましたね」

こうして池口は上京。クーデター首謀者である川南豊作の紹介状を持って、長崎県選出代議士・馬場元治の秘書となる。

「国会内部の造りを調べろというのが私に課せられた役割だったんです。図書室から国会の設計図を取り寄せたりしてね、警備員の配置とかも調べました」

突撃・占拠をスムーズに運ぶための図面作りである。だが、その頃すでに警視庁はこのクーデター計画を察知し、川南や篠田らの行動確認を進めていた。

朝鮮人労働者の供養に身を捧げる

61（昭和36）年12月12日、まずは川南、篠田らが逮捕される。実はその前日、池口は「いやな予感がして」、国会便覧に赤鉛筆で丸印をつけた「死刑リスト」を焼却していた。これが残っていれば、さらに世間は大騒ぎとなっていたことだろう。

そして翌年1月、池口もまた破防法違反容疑で逮捕されるのであった。池口は約20日間の勾留を経て起訴猶予となるが、このわずかな「獄中体験」は、彼にとってひとつの転機となったという。

「もう一度自分を見つめ直して、再び行者として生きていかないかんと決意したんです。行者としての自覚が足りない部分もあって、なにか政治に惹かれてしまうところがあった」

池口は再び鹿児島に戻り、修行の道に本腰を入れることになる。

一方、篠田の運転手としてクーデター計画のメンバーに名を連ねた古賀良洋（高野山大学で池口の後輩だった）を訪ねると、彼だけは事件を冷ややかに見ていることが分かった。

古賀は苦笑しながら次のように話した。

「世間では三無事件を『戦後初のクーデター計画』などと持ち上げるフシもあるが、あれは壮士、国士を気取る連中による想像だけの戦争ごっこみたいなもんですよ。池口さんにしても、なんも知らんかったんじゃないですか？　国会潜入なんてのは大げさな話で、実際は普通に下っ端の秘書として送り込まれただけじゃなかろうか。時間が経過すると、だんだんと話が大きくなるものだから」

飯塚市（福岡県）の観音寺で住職を務めた古賀は2015年に亡くなった。かつては「愛国」「救国」の思いから「戦争ごっこ」に加わった古賀は、晩年は、戦時中に地元の炭鉱などで命を落とした朝鮮人労働者の供養に奔走した。

「異国の地で亡くなった朝鮮人の無念を思うと、日本人としての責任を感じる」

彼は私にそう語った。地元に住む在日コリアンの信望も厚い人物であった。

そうした生き方を選んだ「国士」もいたのである。

戦後日本を代表する右翼

63（昭和38）年、暴力団と右翼の大同団結を図った「関東会」なる連合組織が生まれた。呼びかけたのは右翼界の大物・児玉誉士夫である。

児玉は1911（明治44）年に福島県で生まれた。8歳の時に朝鮮に渡り、京城（現在のソウル）の高校を出たのち、日本に戻った。児玉が右翼運動に身を投じる契機となったのは29（昭和4）年ごろ、赤尾敏が幹部として参加していた右翼団体「建国会」に加入したことによる。建国会に在籍中、親分格である赤尾の自宅近くのバス会社で労働争議が発生した。

児玉誉士夫

会社と労組が激しくぶつかっている最中、児玉はバス会社の社長を訪ね、「話をつけてやるから軍資金を出してくれ」とカネを取っていたという。20歳前にして、早くも裏交渉を得意としていた。

「建国会」で右翼人士との交流を持って人脈を広げると、今度は「急進愛国党」「大日本生産党」など右翼団体の創設に関わる。政界や軍との間にも太いパイプを持った。

戦時中は中国・上海に「児玉機関」と呼ばれる特務機関を設立し、物資調達や宣撫工作を受け持った。児玉機関の本部は上海大廈《だいか》（ブロードウェイ・マンション）にあり、この建物の最上階には〝東洋のマタハリ〟と呼ばれた女スパイ川島芳子が住んでいたという。児玉機関は、銅、潤滑油、プラチナなどの軍需物資を集めて海軍へ納めていたが、終戦に際しては、これらの物資をひそかに日本に持ち帰ったという。これが、後に児玉が政財界に食い込む際の軍資金となった。帰国後、児玉はA級戦犯として収容されるも、釈放後は右翼活動に復帰。持ち帰った「軍資金」を武器に、再び政財界との結びつきを深めていく。

児玉が暴力団と右翼の団結を呼びかけたのも、やはり、60年安保闘争で伸張した左翼勢力に対する危機感からである。共産革命の脅威が近づいているのに、右翼やヤクザが縄張りやシノギをめぐって抗争ばかり繰り返していてよいのかという思いが児玉にはあった。

児玉の呼びかけに応じて「関東会」に参加したのは錦政会、住吉会、国粋会、東声会などの親分衆、そして平井義一、白井為雄、中村武彦、奥戸足百《たるも》などの大物右翼であった。

平井は第4次吉田内閣時代に郵政政務次官を務めた元政治家だが、古くから児玉との関係は深く、この当時は児玉が設立した行動右翼の共闘団体「青年思想研究会」常任諮問委員の立場にあった。白井、中村、奥戸の3人はともに神兵隊事件（1933年に発生した、右翼によるクーデター未遂事件。既述）にも連座した古参活動家で、戦後は長きにわたり右翼陣営の長老格として多くの団体を育てている。

国家権力が育てた鬼子

児玉が設立を促した「関東会」は、いわば当時の暴・右のオールスターが結集した組織だった。現在、博徒系暴力団の親睦団体として機能している「関東二十日会」は、このときの「関東会」が前身と言われている。

熱海（静岡県）のホテルでおこなわれた結成式で、児玉は次のように団結を呼びかけた。

〈やれ肩がふれたのふれないの、カオをつぶしたのつぶされたのと、屁みたいなことで貴重な生命とエネルギーを浪費する愚をやめて、もっと天下国家のためになることを考えたらどうか。（中略）体を張るのは日本に左翼革命の危機や天災地変が訪れたときだけにしてほしい〉

なお、関東会が定めた綱領は次のとおりである。

〈一、関東会は世界の平和、国家の繁栄に寄与し、民主主義国家の国民としての義務を「責任ある行動を以って」遂行するものである。〉〈一、関東会は自由民主主義を擁護推進し、これを阻止するものがあれば呵責なく粉砕し徹底的に戦うものである。〉〈一、関東会は共産主義に対し、之れを撲滅すべく全面的に闘争を挑み、また国民の愛国精神を発揚するものである。〉〈一、関東会は自由主義陣営にあるアジア諸国と積極的に国際協力を計り、アジア大同団結の実現を念願するものである。〉〈一、関東会は常に民衆の立場にあり、民衆に対して迷惑を与えるものに対しては、その理由の如何を問わず強固なる行動を以って一致団結これに当るものである。〉〈一、本会は外部の何れの団体にも拘束されず、常に各々の団体は自主独立の立場に於いて国家的見地から行動せねばならない。〉

「反共抜刀隊構想」などが下地にあったにせよ、暴力団がここまで明確に政治性を表に出したのは初めてであった。

時期を同じくして「関東会」に名を連ねた暴力団と右翼はそれぞれ別個に、自民党所属の全国会議員に向けて「自民党は即時派閥抗争を中止せよ」と題したビラを送付した。これは派閥抗争が左翼伸張を生み出していると主張し、それに抗議する内容だった。右翼団体側が送付したビラには〈警告に一切の反省と理解を示すことがないならば、われわれは国家と民族の自衛上、即時全面解体を要求するほかない〉とまで記されている。

自民党からすれば、自らが育てた勢力に、牙をむかれたも同然だった。国家権力の大仕掛けが、自らを脅かす存在に成長してしまったのである。

この頃、自民党は官僚出身議員を中心に都市型政党への脱皮を図っていた。各地の田舎ボスによる土着型政党から、流動的な都市住民を対象とした都市型政党への転身である。裏社会とのつながりは、都市住民にとっては悪印象でしかない。右翼や暴力団との関係が表沙汰になることは、革新勢力に攻撃の材料を与えることにもなる。そうしたことから一部の議員は暴力団・右翼との間に一定の距離を保つ必要を感じていた。右翼からすれば、なんと身勝手なことかと思ったことであろう。国家権力の暴力装置としてさんざん利用しておきながら、イメージダウンを恐れて手切れに向かうのだから、これほどの侮辱はない。

関東会の結成は共産革命への対抗措置に見せかけながらも、実際は自民党に向けた右翼側からの警告だった。「我々を見捨ててもいいのか」というメッセージである。

暴力団と右翼による自民党への反発という〝共同歩調〟は、日本社会の〝右翼観〟も変えた。右翼という存在を暴力団の隠れ蓑として見る向きも多くなったのだ。

実際に両者の境目は曖昧になった。民族運動から離れ、総会屋などと一緒に企業を恐喝するような手合いも生まれた。企業にガードマンとして雇われ、労組つぶしに〝活躍〟する者たちもいた。「反共」「愛国」を錦の御旗に、我が物顔でふるまう集団が登場するようになったのだ。

果たしてこれが右翼本来の姿なのか——右翼思想を持った者のなかに、そう考える者がいても不思議ではなかった。ストイックに皇道を行く大東塾のような「正統（純正）右翼」と、暴力団と見分けのつかない「行動（街宣）右翼」。この二つで占められていた右翼の世界に、新たな潮流が生まれようとしていた。

新右翼——文字どおりに〝新しい右翼〟の誕生は、従来の右翼像を覆すスタイルで姿を見せることになっていく。

第四章　新右翼の誕生

右翼とアイドル

教室の真ん中には、ファッションショーなどでモデルが歩く舞台のようなランウェイが設置されていた。「はい、いってみようか!」。講師の掛け声に合わせてミニスカート姿の女性がランウェイを進む。「背筋をまっすぐ! 指先にまで神経を行きわたらせて!」。

西日本短期大学(福岡市)のメディア・プロモーション学科。大学の教育現場では他に例を見ない〝アイドル養成〟講義の風景である。ここではアイドルやモデル志望の学生たちが、歌や踊り、ウォーキング、さらにはメディア論などを学んでいる。同学科は2011(平成23)年に設立され、学生の中から実際にアイドルユニット、モデルやリポーターが誕生している。

教室の片隅で、レッスン風景を厳しい表情で見つめている男性がいた。牛嶋徳太朗(67歳)。同大教授として、同学科創設の立役者となった人物だ。いや、それ以上に近代日本政治思想史の研究者、国家社会主義を信奉する右派思想家としても知られている。

「ちょっと見てもらいたいものがあるんだ」

牛嶋はそう言って、右翼とアイドルの組み合わせに戸惑ったままの私を、隣接する衣装ルームに招いた。ハンガーラックにはコスチュームが吊り下げられていた。色とりどりのコスチュームは、いずれもアイドルユニットが着用するために取り揃えられたものだ。色もスタイルもさまざまだが、並列にそろった胸ボタンが特徴のミリタリー衣装が目立つ。

「僕の趣味なんですよ」。ニコリともせず、生真面目な表情のままに牛嶋が言う。

「どことなく『楯の会』の制服に似ていますでしょう？　なんて言ったらよいのかなあ、つまり、ウチで育つアイドルって、僕にとっての楯の会みたいなものなんですよ」

ということは牛嶋さんは……と言いかけたところで、先回りをされた。

「僕が（楯の会をつくった）三島由紀夫ってことです。果たせなかった夢を、こんな形で追いかけているんですよ」

相変わらず厳しい表情はそのままに、本気とも冗談ともつかない言葉を発しながら、衣装の一つを手に取っては私に「これ、なかなかいいでしょう？」と見せつけた。山本寛斎のデザインだという。

西日本短大の〝アイドル養成〟講義

「楯の会」への入会かなわず

実際、牛嶋は「楯の会」に「入りそびれた」経験を持っている。

福岡県出身の牛嶋が早稲田大学に入学したのは1969（昭和44）年だった。〝政治の季節〟である。学園紛争の嵐が吹き荒れていた。ノンセクトラジカル「反戦連合」が主体となり、学生会館が占拠されたのもこの年だ。政経学部長室の占拠をめぐり、反戦連合のような新左翼・反代々木（反日本共産党）系と代々木系（日本民主青年同盟＝民青）学生との間で激しい攻防戦もおこなわれていた。

そうしたなか、根っからの右翼少年だった牛嶋が入学早々に訪ねたのは右派系文化サークルの「尚志会」だった。日本思想史などを研究する同会は、後に「楯の会」一期生となる阿部勉（当時、早大法学部生）によってつくられたものである。

牛嶋はその阿部から、三島由紀夫によって結成された民兵組織「楯の会」の存在を知った。ぜひとも参加したいと願い出た。

「ですが、結果的に僕は『楯の会』に入ることができなかったんです。小柄であるがゆえに〝徴兵検査〟で落とされてしまったんです」

楯の会は、「自衛隊への体験入隊で軍事訓練を脱落しないこと」が、入会の最低条件となっていた。当時、体重が45キロしかなかった牛嶋は自衛隊の体験入隊すら認められず、入り口でハネられてしまう。しかたなく牛嶋は「尚志会」に出入りする一方、やはり右派系サークルであった「国策研究会」にも顔を出すようになる。国策研究会は60年に発足した民族派の学生組織「日本学生会議」（略称・JASCO＝ジャスコ。言うまでもないが、大手スーパーとは無関係だ）の下部機関だった。これがきっかけで牛嶋はジャスコの活動家として育っていく。翌70年には機関紙「ジャスコ」の編集責任者となった。

民族派学生運動の台頭

ジャスコはもともと、戦前の国家主義団体・玄洋社の総帥だった頭山満の影響を受けて54（昭和29）年に結成された、殉国青年隊の学生組織である。当初は各大学の応援団関係者を中心に組織されていたが、67年に、早大の山浦嘉久が議長となってからは、米ソ2大国による世界覇権体制、いわゆる「YP（ヤルタ・ポツダム）体制」の打破を掲げ、既存の右翼とは一線を画していく。

ジャスコは「Y＝ヤルタ会談」によって米ソの覇権体制が確立され、さらに「P＝ポツダム会談」が日本を米国支配下に押し込んだと規定した。この「YP体制」を否定し、〝右からの革命〟を主張した。体制の補完勢力であることを拒否し、暴力も辞さない覚悟で〝革命〟を狙ったのだ。既存体制の破壊という点においては、新左翼と通じるものがある。

それまで右翼と言えば、民族主義の旗を掲げつつも結局は米国の支配体制に寄り添い、自民党の別動隊のように振る舞う「反共」だけの思想だと思われていた。大学においても、右翼を名乗るのは応援団や体育会の学生らが中心で、一般学生からも大学当局の〝飼い犬〟扱いされていたのが実情である。こうしたイメージを塗り替えたのが、ジャスコをはじめ、日本学生同盟（日学同）、全国学生自治体連絡協議会（全国学協）など、60年代後半に突如として学園紛争の舞台に右側から躍り出てきた民族派学生運動の諸団体である。

彼らは従来の右翼を否定、あるいは乗り越えることに自らの存在を規定した。その背景にあるのは新左翼の伸張、学園紛争の頻発という時代の熱気だ。60年代後半の〝政治の季節〟は、右翼にもまた、大きな転換点となったのである。

新しい右翼の流れ

この時代に大きな飛躍を見せた（あくまでも瞬間的ではあったが）新左翼勢力は、戦前から左翼の象徴であった日本共産党をはじめとする既成左翼を、権力に取り込まれた存在であると批判し、より急進的、戦闘的な直接行動、暴力革命路線を推し進めた。これは全世界的な流れでもあった。新左翼にとって社会主義大国・ソ連は、スターリニズム官僚に支配された官僚国家でしかなかった。米国でも学生の反乱が相次ぎ、ヨーロッパではパリの五

右派学生運動、新右翼、日本会議の流れ

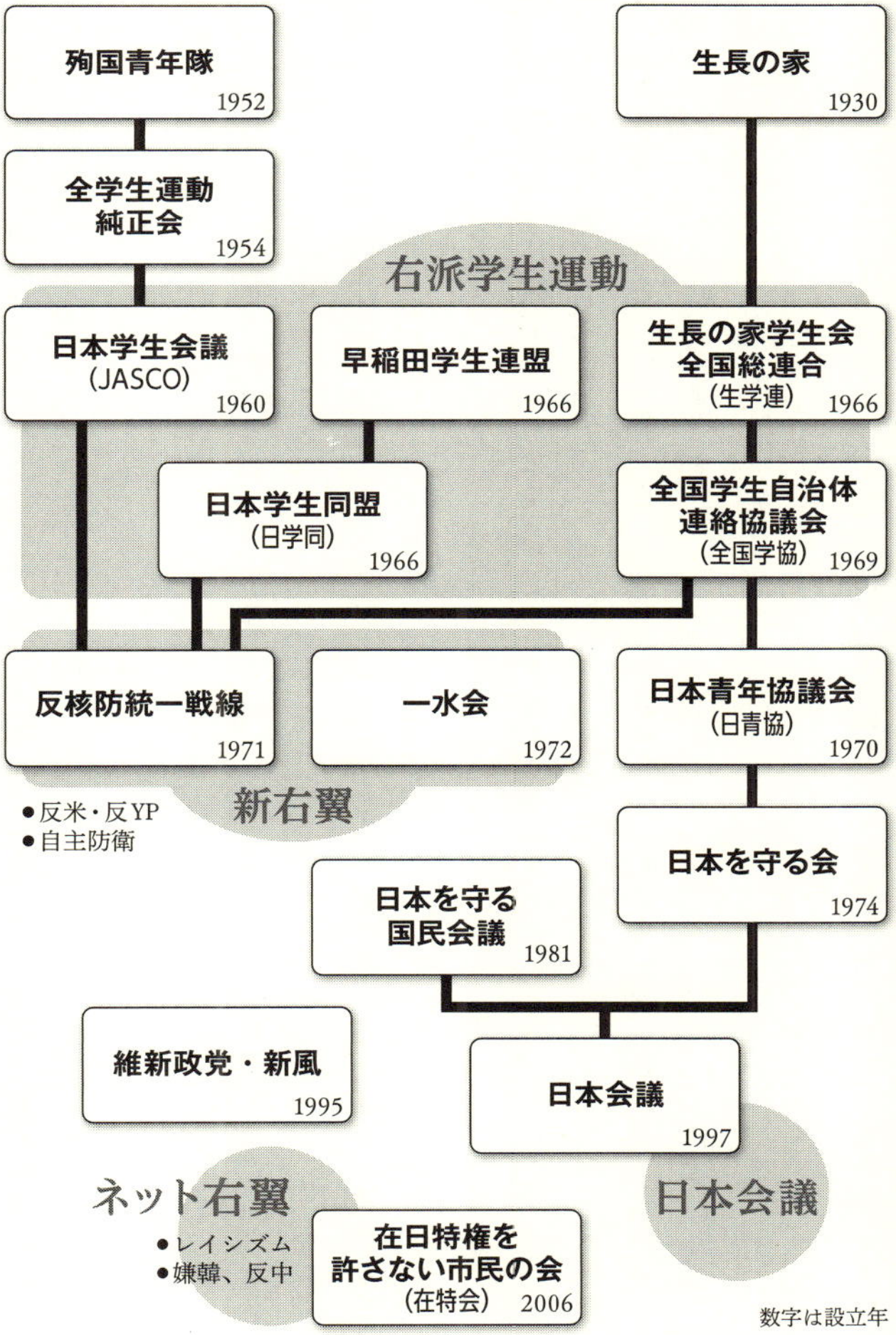

月革命をはじめ、街頭が怒れる若者たちであふれた。そして日本においても新左翼にとって共産党という存在は、議会の中で権力と馴《な》れあっている、〝戦わない権威〟だった。新左翼は、そうした〝権威〟の打倒を掲げた。国家権力も共産党も、同じカテゴリーの内部で予定調和の小さな争いを展開しているだけで、ともに殲滅すべき対象だとしたのだ。

この動きに刺激され、危機感を持ったのが、右翼のなかで直接に新左翼勢力の伸張を目の当たりにしていた学生層である。同世代の若者たちが、あらゆる権威を否定し、ご本尊(共産党)すら蹴散らし、街頭に飛び出し、暴れていた。それは一定程度、国民の支持を集めた。労働者がデモに呼応した。街頭でカンパを呼びかけると、サラリーマンや商店主がヘルメットの中に小銭を投げ込んだ。大学だけでなく、高校でも全共闘(全学共闘会議)が組織され、校長室が占拠されることも珍しくなかった。そんな時代である。

ところが右翼の側はいつまでたっても「反共」一辺倒で、米国に追従するだけの日本政府に抗議どころか、彼らの補完勢力として機能するばかり。右派学生戦線が目指したのは、そうした一部の既存右翼が無条件で受容している戦後体制の破壊であり、「YP体制打破」だ。〝創造より破壊〟こそが当時の左右学生運動の特徴であり、それゆえに勢いを持った。

「既存の右翼にはほとんど興味がなかった。むしろ新左翼の連中から多くを学んだような気がします」と牛嶋は当時を振り返る。新左翼はライバルであると同時に、時に戦後体制打倒の同志でもあった。

そんなブントに憧れて

牛嶋はその頃、東京・中野区内にあった阿部勉の家で定期的に学習会を開いていた。その学習会には、後にピース缶爆弾事件(タバコのピース缶を利用した爆弾を用いた連続爆破事件)の〝真犯人〟として名乗り出た牧田吉明も来ていた。その頃から牧田はアナーキストとして名を馳せ、全国の新左翼だけでなく、一部右翼との交流もあった。三菱グループ幹部の御曹司だった牧田は、長髪と黒のタートルネック、ジーンズが似合う美青年。新左翼のスターで、牛嶋の目にも「眩しく映った」という。

牛嶋が所属するジャスコの早稲田支部はアナーキストと同じ黒ヘルで武装し、早大全共闘とも共闘していた。早大全共闘の「昭和維新派」、あるいはその暴力性から「右翼赤軍派」「ファシスト・ブント」などとも呼ばれた。

後に赤軍派をはじめ、多数の分派を生み出すブント(共産主義者同盟)は当時、新左翼における最大勢力だった。「実際、そんなブントに憧れていた」と牛嶋は言う。「ブントの連中は行動が過激なだけでなく、現代思想史から社会主義理論に至るまで、しっかりと理論武装していました。彼らと論戦するたびに自分の勉強不足を痛感せざるを得なかった」。その頃の牛嶋の手によって発行されていた機関紙「ジャスコ」には〈非合理主義的突破〉〈決断主義による戦後相対主義の埋葬を〉といった難解な見出しが躍る。

〈戦後相対的世相における日本支配者群は公的イデオロギーで武装しておらず、それら無恥なる日本支配者群の関心を集中させるところの価値判断基準は、自己自身の保身にとって有効か否かである。〉

この独特の言い回しは、牛嶋によれば「ブントに影響を受けた」ものだという。

黒ヘルで実力行使

機関紙で新左翼を模倣するだけではなかった。

69（昭和44）年11月、ジャスコは核拡散防止条約に反対して外務省の国際連合局軍縮室に乱入する直接行動を行った。権力に対し、実力行使という形で牙をむいたのである。

68年に調印、70年に発効する核拡散防止条約は、核軍縮を目的に、米、ソ、英、仏、中の5ヵ国以外の核兵器の保有を禁止する条約だった。右派学生戦線にとって、これは「核拡散防止」を名目とした、大国の核による寡占体制の実現に他ならず、日本がこれを批准することは、米国の傘の下で隷属を強いられることをも意味した。「反米愛国」の右派としては、これは新左翼の「反安保」の闘いに匹敵する重みがあった。

70年、ジャスコは「反核防（反核拡散防止条約）」での右翼共闘構想を打ち出し、翌年にはジャスコ、全国学協、日学同統一派の学生右翼3派により、「反核防統一戦線」が結成された。ちなみに日学同統一派とは「反核防」への参加をめぐり、それに躊躇する主流派（早稲田派とも呼ばれた）に対抗して生まれた分派である。

71年12月、「反核防統一戦線」は外務省前に集結し大規模なデモンストレーションを行った。参加者の手には日章旗と黒色旗、そして全員が黒ヘルを着用していた。日章旗さえなければ、新左翼とほとんど変わらない光景である。このとき、黒ヘル姿で外務省に対する抗議声明を読み上げたのが牛嶋であった。この日、集会歌として歌われたのは三上卓（元海軍軍人、国粋主義者）作詞の「青年日本の歌」だった。牛嶋によれば、左翼の「インターナショナル」に対抗するため、これを集会歌に採用したのだという。国家権力の喉元で、黒いヘルメット姿の若者たちが気勢を上げる。これまでにない右翼の風景だった。

新右翼の定義

「まさに、これが新右翼の誕生だった」。牛嶋はそう強調する。

一般的に「新右翼」とは70年代後半から台頭する一水会（後述）を連想させる。だが、牛嶋いわく「70年代後半以降、まともな右翼運動などなかった」。

「70年代の前半、右派学生戦線、なかでもジャスコを中心とした反核防統一戦線こそが、正確な意味での新右翼の源流だ。新左翼と肩を並べ、全共闘にも参加し、国家体制と闘ったのは、反核防統一戦線だけだった。本来の意味での新しい右翼、という点においては、そこが出発点であり、以降はほとんど何も成し得ていない」

これが牛嶋の語る「新右翼」である。

このあたりに異論を持つ「新右翼関係者」もいるのではないかと思う。「新右翼」はあくまでもメディアが命名したものであり、正確な定義があるわけではない。だが、牛嶋がそれまでの右翼とはまったく違う地平を目指していたのは紛れもない事実だ。

牛嶋は前述した爆弾男の牧田吉明と、その後も親交を重ね、2002(平成14)年には西日本短大の紀要でインタビュー記事を発表している。その中で、牛嶋は「新右翼」について次のように語っている。

〈私にとっての民族派学生運動は、昭和四十六年(一九七一年)の「反核防統一戦線」に集結した「日本学生会議(ジャスコ)」と「日学同統一派」と「全国学協」であり、「日本学生会議(ジャスコ)」とオポディションであった「日学同」を含めて四つのセクトが民族派学生運動の正規軍であり、これこそが〈新右翼〉なわけです。だから、それ以外の諸団体は、私の意識の中では「革マル派」的用語で表現すれば、〈小ブル雑派〉なわけです。(中略)だから、昭和五〇年代に鈴木邦男さんの「一水会」がマスコミから「新右翼」と称された時、私の心中はおだやかではありませんでした。私の意識の中では、「一水会」は〈雑派〉以外の何物でもなかったからです。〉

牛嶋は一水会の機関紙「レコンキスタ」に寄稿するなど、同会と感情的に対立しているわけではない。しかし、「新右翼」の定義に関しては、一歩も譲ることはない。

牛嶋の研究室の壁には、自らが育てたアイドルユニットのポスターと並んで、歴代天皇の〝御真影〟が貼られ、書棚の上には赤軍の赤ヘルと全共闘の黒ヘルが置かれていた。体制補完の右翼を否定し、全共闘に参加し、新右翼の狼煙を上げ、いま、アイドルのなかに「楯の会」の幻を見る牛嶋の軌跡が表現されたような研究室だった。

ちなみに、牛嶋は「アイドルそのものにはたいして興味はない」と言う。

「僕が関心を持っているのは社会現象としてのアイドル。うねりを生み出し、社会に刺激を与えていく。一種の学生運動みたいなものですよ」

これまでに牛嶋が手掛けたアイドルユニットの名称は「烈風」「晴嵐」「月光」など、旧日本軍の戦闘機と重なるものが多い。ミリタリー調の制服も含め、やはり、そこには牛嶋の趣味を超えた、かつての願望が投影されている。

鈴木邦男と「生長の家」

牛嶋から「雑派」扱いされた「一水会」の創設者である鈴木邦男（74歳）が早稲田に入学したのは、牛嶋より6年早い1963（昭和38）年だった。

鈴木は子どもの時分から「生長の家」の信者だった。大病をきっかけに母親が入信し、「幼いころは子ども会のような感覚で参加していた」という。

「生長の家」は、谷口雅春が1930（昭和5）年に設立した神道系宗教団体である。現在は政治活動とは距離を置いているが、90年代までは憲法改正、再軍備などを主張するタカ派のイメージで通っていた。創始者の谷口はもともと大本教信者であったが、大本教にたいする政府の弾圧をきっかけに離れ、「生長の家」の開祖者となった。戦前の「生長の家」が他の新興宗教団体と決定的に違ったのは、その徹底した天皇信仰で「聖戦遂行」に一貫して協力したことである。勤労奉仕や軍備の奉納を率先して行い、戦争協力を惜しまなかった。

仙台から上京し早稲田大学に入学した鈴木は、当時、乃木坂にあった「生長の家」の学生道場（信者のための学生寮）に入った。「お祈り漬け」の毎日だったという。朝は5時前に起床、お祈りの後は国旗掲揚、国歌斉唱、さらには谷口の著書をもとに学習会などが行われ、大学の講義が始まる前にはすでにヘトヘトに疲れ切ってしまうようなスケジュールだった。

鈴木が入学して3年目の66年。その後の全国的な学園紛争の前哨戦ともいうべき「早稲田闘争」がはじまる。学費値上げに反対する抗議行動に端を発し、全学部がストライキを起こした。各校舎の前には机や椅子でバリケードがつくられた。闘争を主導したのは新左翼学生からなる「全学学館学費共闘会議」で、代表を務めていたのは、現在、労働問題などを扱う弁護士として知られる大口昭彦だった。大学側は機動隊導入を繰り返し、多くの学生が逮捕されるも、抵抗は止まなかった。

鈴木は学費値上げ自体には反対だったが、闘争の主体は共産主義者であり、共産革命がその目的だと信じていた。「生長の家」で学ぶ反共学生としては当然の考えである。鈴木のように「闘争」を苦々しく感じている学生は少なくなかった。そうしたなかで紛争収拾を望む学園正常化運動が湧きおこる。主体となったのは「雄弁会」「国策研究会」「土曜会」といった右派・保守系サークルで、「生長の家」の学内サークルに属していた鈴木もこの動きに加わった。彼らは「早稲田大学学生有志会議」を結成、学園正常化を求める署名やビラ配布などの活動を行った。もちろん左翼学生との対決は避けられなかった。

「当時は左翼が圧倒的な力を持っていました。反体制を訴える左翼学生は、学内では支配者に近かった。だから僕の中では左翼への対抗は、早稲田の伝統的な在野精神に基づくもので、反体制の闘いだと位置づけていたんです」

よく殴り合った。数の上では劣勢だったので、袋叩きにされることも珍しくなかった。だが、闘いはすべて素手だった。殴れば自分の拳も痛む。それは相手も同じだった。

「だから、いまでは当時の敵とも普通に会って話をすることができる。同じ戦場で戦った、戦友のような間柄です」

日学同の誕生

66年3月、有志会議メンバーを母体とした「早稲田大学学生連盟」（早学連）なる組織が結成された。中立的な名称だが、内実は右派・愛国学生による学内組織だ。

その初代議長に選ばれたのが鈴木である。

早学連は左翼に対抗するように立て看板を学内各所に設置し、教室をまわってはスト反対、学園正常化を訴えた。相変わらず左翼学生との殴り合いは続いたが、それでも就職に不安を覚える一般学生から一定程度のシンパシーを集めることには成功した。

なお、このとき早学連に参加した一人が、当時1年生だった森田必勝《まさかつ》（後に楯の会に参加。70年の三島事件で割腹自殺）である。羽織袴に高下駄で入学式に出席した森田は、もともと民族主義的傾向が強かった。当然、学内を支配していた左翼学生には反発しかない。

5月、クラスで早学連メンバーに接した森田は、日記『わが思想と行動』（日新報道）に次のように書き残している。

〈きのうのクラス委員総会で、早稲田精神丸出しの勇敢な先輩と知りあった。総会で、革マルの一方的な議事進行と、独善的な議事内容に怒って革マルのヤツらに単身、喰ってかかっていた。

ぼくは入学したばかりなので紛争の経過がよく判らないと言ったら「ジュリアン」に連れていってくれて、色々と話を聞かされる。左翼に対決して学園正常化のために奮闘しているグループがあることを初めて知る。それでこそワセダ精神だ！〉

「ジュリアン」とは大学近くの喫茶店で、後に日学同の結成メンバーとなる早大大学院生の矢野潤が経営していた。当時、早稲田周辺には無数の喫茶店があったが、右翼学生の〝たまり場〟として機能していたのは、この店だけだった。

森田のような熱血青年も加わり、早学連はさらに勢力を拡大させた。だが、長期に及ぶストが収束に向かうと、一般学生はふたたび日常に戻っていった。普通の学生はあくまでも平穏なキャンパスを望み（あるいは就職を心配し）、運動に参加しただけである。そもそもが右翼でも何でもない。早学連からの離脱は当然の結果だった。

実力の点では、まだ左翼に分がある。大学を共産革命の拠点にしてはならないという強い思いがあった。そこで早学連のメンバーは他大学（日本、国士舘、明治、法政、慶應など）に呼びかけて、横断的・全国的な学生組織結成に動いた。

同年11月、結成されたのが「日本学生同盟」（日学同）である。早学連議長だった鈴木も「日学同」結成までは関わったが、その頃は生長の家学生部の役員も務めていたこともあり、結成後に参加することはなかった。

三島由紀夫の激励

東京・永田町の尾崎記念会館でおこなわれた「日学同」の発会式には23大学から約250名が参加した。「日学同」は各大学内に国防研究会、日本文化研究会など右派サークルを組織し、これらを足掛かりに組織拡大を図るといった戦術をとった。運動は徹底した民族主義に基づくもので、前述したジャスコ同様、YP体制打倒を掲げつつ、既存体制にも牙をむいた。〈変革と運動の主体を〝民族〟に求め、自らの国家に自らのパワーを叩き込み、大衆運動をば直接、民族闘争として闘う〉と機関紙で煽り、自民党の政策も〈アメリカニズムに支えられたもの〉だと批判した。

機関紙「日本学生新聞」の初代編集長を務めたのは早稲田の持丸《もちまる》博である。理論派として名を馳せた持丸は後に「楯の会」に参加、初代学生長を務めるも、路線上の問題で退会。2013（平成25）年に亡くなるまで、右派運動陣営の一員であり続け、「楯の会」の記録づくりにも関わった。なお、学生時代に持丸と知り合って結婚した松浦芳子は、現職の東京都杉並区議会議員で、保守系テレビ局「日本文化チャンネル桜」の創設発起人を務めた。その持丸とともに「日学同」に参加した早稲田学生の中には、前述した森田必勝や、現在は保守系評論家として知られる宮崎正弘などがいた。

「日本学生新聞」創刊号には、三島由紀夫が激励文を寄稿している。

〈偏向なき学生組織は久しく待望されながら、今まで実現を見なかった。青年には、強力な闘志と同時に服従への意志とがあり、その魅力を二つながら兼ねそなへた組織でなければ、真に青年の心をつかむことはできない。目的なき行動意慾は今、青年たちの鬱屈した心に漲ってゐる。新しい学生組織はそれへの天窓をあけるものであらう。日本の天日はそこに輝いてゐる。〉

三島の期待の大きさが伝わってくる。

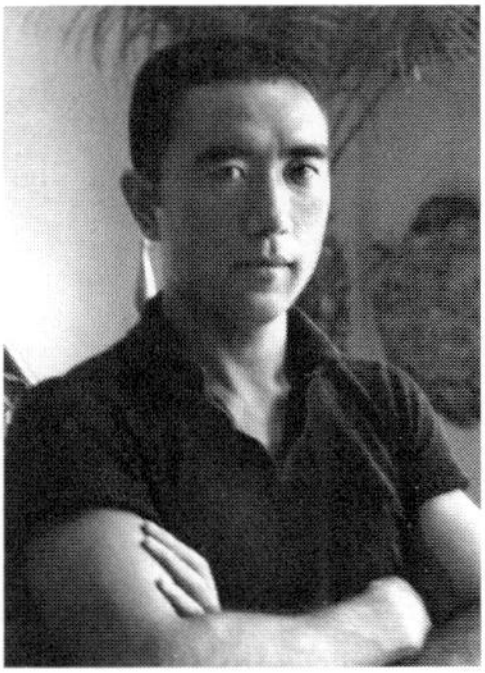

三島由紀夫

内部対立

さて、右派学生の全国組織として大々的に旗揚げした「日学同」だったが、運営は当初から波乱含みであった。というのも、「日学同」創設時の役員の中には、自民党学生部に属する者も少なくなく、そのことが反権力意識を持つ学生らとの内部対立を引き起こしたのである（自民党学生部に近い者たちが、前述した早稲田派＝主流派となる）。

創立翌年に実施された第31回衆議院総選挙では、自民党学生部所属の「日学同」役員たちが持ち場を放り出し、当時愛知3区から立候補していた海部俊樹《かいふ》の選挙応援に出向いてしまった。日学同の役員には早大の雄弁会に所属している者も多く、雄弁会の先輩である海部の応援に駆け付けないわけにはいかなかったのだ。この一件を契機として自民党系と反自民党系の内部対立が深刻化する。内部対立の激しい論争を経て、日学同は自民党学生部一派を切り離すこととなった。

だが、その後も内部争いは絶えない。これもまた急進的学生運動の常ではある。一方、それまで明確な「敵」として存在していた大学内の新左翼も、徐々に戦闘能力を落としていく。新左翼へのアンチテーゼを掲げて登場した右派学生運動は、敵の主体が弱まっていくと同時に、自らもまた弱体化を避けることができなかった。あくまでも結果論だが、全共闘あってこその右派学生運動だったのである。

内部対立、反対者の除名、というのはまさに運動の常であった。森田必勝は自民党の下働きをする「日学同」役員に「日和見主義者」の烙印を押し、日記にこう綴った。〈日学同が一大事のとき自民党選挙に奔走する連中の言動は一切無視。力無き者は去る。これを自然淘汰という〉。ところが、その森田がその後、三島由紀夫との接近、「楯の会」参加などを理由に「日学同」から除名処分を受けた。当初は蜜月に見えた三島と「日学同」の関係も、年を追うごとに冷え切っていったのである。

「国家に尽くす人材を」

「日学同」除名組の一人に、現在、「維新政党・新風」を率いる魚谷哲央《うおたにてつおう》(70歳)がいる。

魚谷は下関(山口県)の出身である。父親は地元でも有数の漁業会社の役員を務めていた。しかし、魚谷が高校に入ったばかりのとき、父親の勤めていた漁業会社の船が、李承晩ライン(韓国初代大統領・李承晩が定めた海域境界線)を破ったとして韓国に拿捕《だほ》されてしまう。それがきっかけとなり会社は倒産、一家は貧困を強いられることになった。

家を失った一家は大阪に移住した。父親は工場で働き、母親は内職で家計を助けた。そうした経緯もあり、父親は韓国に批判的で、しかも「反共」だった。ただし、魚谷はそうした父親に対しては懐疑的だったという。

「世代間ギャップみたいなものだったと思います。保守的な父親に対抗するのは、あの時代の若者としては当然でしたからね」

そんな魚谷が同志社大学に入学したのは66(昭和41)年。そのころ、同志社の自治会を握っていたのは社学同（社会主義学生同盟。ブントの学生組織）で、そのリーダーが後に歌手の加藤登紀子と結婚する藤本敏夫である。藤本という傑出した指導者のせいでもあったが、魚谷に言わせれば「学内は左に染まっていた」という。

入学直後の魚谷は、そのような状況に違和感を持つことはなかった。

「父親との対立も下地にあったのですが、古い価値観と闘っている新左翼の連中には、心情的に惹かれるものがありました」

ただし、新左翼に参加するほどには政治に興味を持っていたわけではない。魚谷は同志社創立者・新島襄に心酔していた。新島の著作や研究書をむさぼるように読む中で、「国家に尽くす人材を」という文言に惹かれた。そこから真剣に「国家」を考えた。それこそ同志社本来の思想ではないのか。国家観が欠落した左翼への疑問が芽生えた。

魚谷は「新島精神、真の同志社精神」を掲げ、独自の学習会を開くようになった。「国家観」などを口にした時点で右翼と見なされる時代である。学内新左翼との対立も避けることはできなかった。

「論争しました。そのたびに左翼の人はよく本も読んでいるし、勉強しているんだなあと感心しましたよ。もちろん、こちらも負けるわけにはいかないから必死で勉強する。左翼の存在は刺激にはなりましたね」

余談ではあるが、後に魚谷が京都市内で古書店を開業する際、古本などを提供してくれたのは、学生時代の論争相手である左翼連中だった。一貫して保守、右派の道を歩むことになる魚谷だが、元ブント、元赤軍といった左翼人脈が魚谷の開業を手助けしたのだ。

虚脱感から政党結成へ

さて、新島思想の普及に努めた魚谷は、必ずしもその時点では右翼というわけではなかったが、左翼との論争を繰り返す中で、その反発から右翼的国家観に目覚めていく。そうしたなか、東京で旗揚げされた「日学同」の存在を知った。68年のことである。

「全共闘に対抗し、右派学生で全国展開するのだという。同志社で孤軍奮闘する私にはなんとも心強く感じましたし、光り輝いて見えました」

東京で「日学同」の学習会に参加し、すぐに魚谷は京都地区の責任者に任命された。民族派に目覚めた魚谷は、京都中の大学をオルグして回る。短期間で立命館大や京都産業大にも支部をつくり、魚谷は京都学生協議会を結成、「日学同」の関西地盤とした。

ところが、これが「日学同」本部との対立を生んでしまう。

「分派だと思われたのでしょうね。実際、私は組織の東京中心主義、指示命令のトップダウンにはそのつど反発していましたし」

魚谷は東京の本部に呼び出され、査問にかけられる。その結果、魚谷ら京都派は除名処分となった。

「査問会議の責任者は森田必勝さんでした。でも、不思議なことに森田さんは一言もしゃべらないんです。査問の間もじっと黙って、どこか上の空でした。おそらく、このときはすでに自身も辞めることを考え始めていたのかもしれません」

その後も魚谷は独自に右派学生運動の戦列で闘い、卒業後は出版社「日本及日本人社」に就職する。同社の前身は戦前の国粋主義者・三宅雪嶺《せつれい》によって設立された歴史ある出版社で、戦後も右派、保守派の立場から書籍出版を続けていた。

だが、入社してすぐに魚谷は軽い失望を覚える。配属された編集部こそ学究肌の真面目な人間ばかりが集っていたが、同社が入居する京橋（東京都中央区）のビルは、大物右翼で総会屋の西山廣喜（前述）の持ち物だった。入社してから出版社が〝西山グループ〟の一部門であることを知ったという。しかもビルの他のフロアには行動右翼団体も入居しており、出入りする人間も明らかに〝その筋〟の者ばかりだった。

「耐えられなかったのは、当番制で西山会長宅の電話番をしなければならなかったこと。仕事を終えたら会長宅に向かい、深夜まで電話を取らなければいけないのです。ほとんどヤクザの世界ですよ。これが嫌で嫌でしかたなかった」

夏前には会社を辞め、関西に戻った年の秋に三島由紀夫の割腹自殺事件が起こる。自分の査問会議のリーダー役を務めた森田必勝も自ら果てた。

いったい自分は何をしてきたのかと虚脱感に襲われた。学生運動をしても世の中は変わらなかった。勇んで就職しても、理想とは大違いだった。引きこもって考え続けるなかで、魚谷が下したのは「政治を動かすしかない」との結論だった。その思いからかつての学生運動仲間を呼び集め、京都で「洛風会」なる学習組織を結成する。それが後に「維新政党・新風」へと発展していくのである（新風については後述する）。

保守と保身

さて、ここでジャスコ、日学同と並ぶ、もう一つの右派学生団体に触れよう。左派学生運動に対抗すべく69（昭和44）年に結成された「全国学生自治体連絡協議会」（全国学協）である。同年の5月4日、九段会館（東京都千代田区）において結成大会が開かれた。集まったのは全国から約１８００人。このとき委員長に選ばれたのが前出の鈴木邦男である。

「この運動の中核を成したのは、生長の家の学生連合である〝生学連〟（生長の家学生会全国総連合）だったのです。僕は当時、生学連の書記長も兼ねていたので、必然的にトップに持ち上げられてしまいました」

当時、全国学協の副委員長を務め、結成大会の実行委員長を務めたのは、拓殖大学院生だった井脇ノブ子である。そう、「やる気！　元気！　井脇！」のキャッチフレーズで知られた元自民党衆院議員も、当時は右派の学生活動家だったのである。

このときに採択された運動方針は「反ＹＰ体制」「全共闘打倒」「占領憲法打倒」「反日教組」など、ジャスコや日学同など他の学生右翼組織とさほど変わらない。あえて特徴を挙げるならば、構成員の多くが「生長の家」関係者、「生学連」メンバーだったことである。

大会では評論家の福田恆存や京都大学教授の会田雄次が記念講演を行っているが、もっとも鈴木はこれらの保守系文化人を冷めた目で見ていたという。

「なにか、学生に迎合しているみたいで嫌な感じがしました。だいたい、保守を名乗ることにも抵抗を覚えていたんです。保守と保身は同じようなものだ、くらいの意識でいましたから。改革してこそ学生運動だろうと」

三島の嘆き

こうしたへそ曲がり的な見方をしていた鈴木が、いつまでもトップでいるのは難しかったのか、わずか１ヵ月で委員長の座を解任された。対抗勢力である日学同に融和的である点、組織拡大が達成されていない点などが鈴木の責任とされた。新左翼というわかりやすい敵が見えなくなった時期でもあり、エネルギーは組織内部に向けられていた。左右問わず、党派の内ゲバの端緒にそれほど重要な意味があるわけではない。追いつめられたとき、弱体化したときこそ、人は疑心暗鬼になる。

さらには、他党派との間のヘゲモニー争いの激化も避けられない。一部大学の自治会の主導権をめぐって「全国学協」と「日学同」のメンバーが乱闘騒ぎを起こすこともあった。

鈴木が述懐する。

「新右翼同士の内ゲバの現場に、たまたま三島由紀夫さんが居合わせたことがありました。たいした理由もありません。そのころは意見が違うとか、誰それが気に入らないとか、つまらない理由でしょっちゅう殴り合っていた。そんなどうしようもない学生たちを前にして、三島さんが呆れたような表情を見せていたことが印象に残っています。国家の大義を説きながら、結局は内向きの乱闘しかできない学生右翼に失望したのかもしれませんね」

全共闘だろうが全国学協だろうが、しょせん学生のお遊びに過ぎないと思ったからこそ、結果的に三島はあの蹶起へと向かったのではないか。

そもそも三島は「愛国心」を声高に叫ぶ者を信用していなかった。既存の右翼団体のことも毛嫌いしていた。三島の美学は、子どものように殴り合う学生たちの姿には重ならず、あるいは、街宣車でわめくだけの行動右翼にも向かわなかったのだ。

委員長を解任された鈴木は、その後、全国学協本部に殴り込みをかけたりするも、結局は組織を追放される。1969年、鈴木は東京を離れ、実家のある仙台に戻った。

日本会議を支える実力者

現在、自民党の政策に大きな影響を与えているとされる「日本会議」は、多くの元「全国学協」関係者を抱えている。

椛島有三——現在、「日本会議」の事務総長を務めているこの人物は、「全国学協」結成時は中央執行委員の一人で、九州学協の代表を務めていた。つまり設立の立役者である。

1966(昭和41)年のことだった。長崎大学の正門前で「学園正常化」を訴えるビラを配っている二人の男がいた。同大の学生、椛島と、そして後に全国学協の書記長となる安東巌である。御多分に漏れず、当時は長崎大も自治会は左翼に押さえられていた。これに対抗せんと起ちあがったのが、ともに「生長の家」信者である椛島と安東だった。

だが、ビラ配りの最中に、左翼学生の妨害を受けた。押し倒され、徹夜でつくった2000枚のビラが道に散乱し、踏みつぶされた。「この日のことは永久に忘れない」「大学にこのような暴力がまかり通っていいのか」と後に安東は「生学連新聞」に書いている。

左翼自治会打倒、学園正常化――二人はここで誓ったのだった。

この年の秋、長崎大では教養学部自治会の会長選挙がおこなわれた。二人はこの選挙に同志の学生を立候補させた。民青（共産党系学生組織）や新左翼党派以外から立候補者が出たことはそれまでなかったという。そしてなんと、圧倒的に左翼の力が強いと思われていた長崎大で奇跡が起きた。椛島と安東が推した右翼系候補が勝利を収めたのである。画期的な自治会掌握だった。国立大学で右翼系の自治会が成立したのは初めてのことだった。

勝因は、「普通に講義を受けたい」という一般学生の支持を得たからだったという。椛島らは「学園正常化運動」と称し、左翼支配による学内の混乱に対抗した。心情的に左翼に融和的であった学生の中にも、ストライキが頻発する学内状況に疑問を持つ者は少なくなかった。椛島らはそうした学生に「正常化」の必要性を訴え、左翼学生とも逃げずに議論した。その姿勢と主張が評価された結果だった。

反対側の視点から

ただし――以上は、あくまでも「生学連新聞」に記された安東らの回想に基づく長崎大の情景に過ぎない。では、椛島らと逆の立場からは、どう見えたのであろうか。

２０１７年末。福岡市内の中華料理店に、同市在住の長崎大ＯＢ、ＯＧが恒例の忘年会のために集まった。いずれも60年代末に、椛島や安東とは対極にいた同大・左派系の元学生運動家たちである。大学卒業後はそれぞれ、公務員、教師、会社員など、ほとんどが新左翼党派とは無縁の世界で生きてきた。それでもビールの空き瓶が増えるたびに、長崎大闘争が話題の中心となった。当然、椛島や安東に言及する者も出てくる。

「彼らは美しい物語をつくっているだけだ」。安東が「生学連新聞」に書いた回想録をばっさり否定する者がいた。元会社員の彼は、こう続けた。

「自分たちが、まるで左翼の暴力による被害者であるかのように書いているけど、彼らもまた、十分に暴力的だったし、異なる立場の者がぶつかり合うのは日常でしたよ」

別の者も話に加わる。

「自治会を握ったといっても、その時期、左翼側は主要メンバーの多くが逮捕されて、一時的に学内に空白状態ができていた。その隙に彼らが自治会を掌握しただけです。言い方は悪いが火事場泥棒のようなものだ。実際、次の自治会選挙で彼らは敗れていますし」

全員がそうだ、そうだと頷いた。話を引き取ったのは、「反帝学評」（反帝学生評議会。社青同の学生組織）のリーダーだった大野泰雄である。

「椛島や安東らは他の保守系や（国際）勝共連合系の学生、体育会所属の右翼学生などとも手を組んで左翼潰しを図っていました。しかも彼らの背後にいたのは大学当局や警察です。

自分たちが、いかにも、か弱い被害者であったかのようなことを言ってはいるが、実はもっとも権力に近い場所から、我々に攻撃を仕掛けてきたのが実情ですよ」

一貫して国家権力側

当時、長崎大では各種サークルが入居する学生会館の管理をめぐって、学生と大学側が激しく対立していた。それまで学生自治の原則で守られてきた学館の管理権、運営権を、大学が管理下に置こうとしていた。学生側は管理権に関しては譲歩したが、運営権は頑として譲らず、断続的にストライキなどで抵抗していた。一方、椛島ら右翼学生は、大学側につき、反対勢力と対峙するようになる。

68年12月には「学館闘争」が勃発する。大学側が掌握していた学館を奪還すべく、大野ら左翼学生が学生会館に突入を図った。だが、当局によるピケ隊が、左翼学生を学館前で待ち受けていた。隊列を組んでいたのは、大学学生部の職員、新左翼党派と対立関係にあった民青、そして椛島や安東らの右翼学生である。人数はどちらも150人前後。スクラムを組んで突入する左翼学生。それを阻止せんと、やはりスクラムで対抗する大学当局の勢力。緒戦は大学側が有利だった。

「あちら側は体育会の猛者まで動員していましたからね。殴る、蹴るの暴力は当たり前」

大野らは仕方なく、正面突破をあきらめ、非常階段を使って2階から侵入するといったゲリラ戦で、どうにか学館占拠を成功させた。

「結果的に奪還したわけですが、当局側勢力の暴力の凄まじさは、はっきりと覚えています。椛島らは当時、秩序派、正常派などと自称していましたが、秩序も正常もあったもんじゃない。そんなナイーブな連中ではなかったですよ」

大野はその数ヵ月後、入試粉砕のデモを主導し、入学試験会場に乱入したことで仲間とともに逮捕される。椛島らが自治会を握ったのはこの時期だ。大野らが「火事場泥棒」だと評するのは、そのせいである。大野はその後、2年遅れで卒業、県職員などを経て50代の頃は長崎市議会議員を務めた。現在は長崎大の留学生支援の活動に奔走している。

「椛島が日本会議の事務局を務めていると知った時、ああ、彼らしいなぁと思いましたよ。椛島は当時からどちらかといえば裏方のイメージが強く、アジテーションは安東のほうが圧倒的に上手かった。あの安東も、日本会議の中で大きな影響力を持っているとも聞いています。彼らは一貫して国家権力の側にいた人々です。被害者だなんだとナイーブで美しい物語を広めてはいるが、今だって自民党政権に寄り添いながら、日本を右へ右へと牽引しようとしている。彼らは学生時代から変わっていません」

左派も右派も——学生運動の没落

双方の主張はかくも分かれる。ただし、椛島らによる大学自治会の掌握が、全国の右翼学生に衝撃、というよりも勇気を与えたのは事実だった。どこの大学にも右翼学生は存在したが、運動はせいぜい「学園正常化」を訴えるか、スト破りをするぐらいで、自治会掌握など無謀だと思われていた。それが、左翼勢力の強かった長崎大で実現したのである。

長崎大に続け——主に生長の家の学生信者たちによって自治会奪取の動きが広まった。その中には前述した井脇のほかに、衛藤晟一《せいいち》（大分大・現自民党参院議員）、百地《ももち》章（静岡大・現憲法学者）、伊藤哲夫（新潟大・現日本政策研究センター代表）など、後に「日本会議」のイデオローグとなる者が含まれている。

自治会奪取に成功した椛島ら長崎大の学生は67（昭和42）年、長崎大学学生協議会を結成。「生長の家」信者の学生を中心とした自治会奪取運動は〝学協運動〟と呼ばれた。これを全国規模の運動とするため69年に結成されたのが、先に述べた全国学協である。その目標は学協運動による全国制覇、つまりは主要大学の自治会を押さえることにあった。

もっとも、長崎大学での成功体験をもとに、華々しく誕生した全国学協であったが、思惑通りにことは進まなかった。左右を問わず、学生運動の勢いを止めるのは、運動内部、組織内部での争いである。全国学協もまた、主導権をめぐる分裂や除名が相次ぎ、勢力拡大どころではなくなっていった。

ライバルであった新左翼の没落も、民族派学生運動の弱体化に拍車をかけた。運動の先鋭化、内ゲバなどにより一般学生からの支持を失った新左翼は、70年以降、急速に力を落としていく。学生運動における新左翼と民族派は、太陽と月の関係に似ていた。太陽の輝きによって明かりを得る月は、自らの力で輝くことはない。肝心の太陽が輝きを失えば、月もまた闇に溶け込むだけの存在である。

民族派学生運動は新左翼のアンチテーゼとして機能したからこそ、新左翼が衰退していくとともに、民族派学生運動も先細りになっていくのは当然だった。運動に意味を見出せなくなった者たちの脱落が相次いだ。

70年代半ばには、民族派学生運動はほぼ壊滅したと言ってよい。

三島由紀夫事件の衝撃

鈴木邦男も一度は運動から足を洗った。仙台でしばし休養したのち、サラリーマンとして平凡な人生を送ろうと決め、産経新聞東京本社の販売局に入社する。アパートを借りるのが面倒で、高田馬場にあった阿部勉の部屋に家賃も払わずに居候を続けた。

そのさなか、鈴木は三島事件の報を受ける。70（昭和45）年11月25日のことだった。

三島由紀夫は「楯の会」メンバーの森田必勝（25歳）、小賀正義（22歳）、小川正洋（22歳）、古賀浩靖（23歳）の4名と共に、陸上自衛隊市ヶ谷駐屯地（新宿区）に赴き、総監室を占拠したうえで自衛隊員らに蹶起クーデターを呼びかけた。憲法改正や再軍備のためには、もはや実力行使で訴えるしかないと、覚悟を決めての乱入だった。

総監室のバルコニーに立った三島は、集まった自衛隊員たちに向かって叫んだ。

「聞け！　聞け！　静かにせい。静かにせい。話を聞け。男一匹が命をかけて諸君に訴えているんだぞ。いいか。それがだ、今、日本人がだ、ここでもって立ち上がらなければ、自衛隊が立ち上がらなきゃ、憲法改正ってものはないんだよ。諸君は永久にだね、ただアメリカの軍隊になってしまうんだぞ！」

だが、それに呼応する自衛隊員はいなかった。「引っ込め」「おまえなんかに何が解るんだ」とヤジや怒号が飛んでくるばかりである。ここでも三島は失望するしかなかった。そして三島は総監室に戻り、仲間とともに自刃を遂げるのである。

鈴木は勤務中に事件を知った。あわてて社員食堂のテレビにかじりついた。何も手につかなかった。虚脱状態となった。もともと「楯の会」など、三島由紀夫ファンクラブのようなものだと内心では小馬鹿にしていた。作家のお遊び、学生運動のような真剣さが足りないんじゃないかと感じたこともあった。

だが、彼らは本気だったのだ。本気で蹶起を促し、そして死んでいった。

三島の自決よりも、かつて親しく付き合った森田の死にショックを受けた。

「置いていかれた。自分は取り残された」。そんな気分になったという。

「結局、そのときの負い目のようなものが、再び僕を運動に向かわせたのだと思います」

プロの活動家としての覚悟

三島由紀夫・森田必勝ら烈士の魂魄の継承を目的に、鈴木を代表として民族主義団体「一水会」が結成されたのは72（昭和47）年である。命名者は先にも触れた阿部勉で、「月に一回、第一水曜日」に学習会が持たれていたことに由来している。

「一水会」はそれまでの右派学生運動の系譜を引き継ぎ、「対米自立」「自主憲法制定」「日米安保破棄」「戦後体制打破」をスローガンとした。やはり、従来の右翼運動を否定し、乗り越えることが目的とされた。阿部や鈴木以外には、現在、保守派の論客として知られる四《し》宮《のみや》正貴《まさき》、長崎大で椛島らとともに「学園正常化運動」を闘い、全国学協書記長を務め、いまなお右翼界の大御所として君臨する犬塚博英《いぬつかばくえい》（右翼団体・八千矛《やちほこ》社代表）なども参加している。

この動きに注目したのが任侠・右翼問題を知悉するルポライターの猪野健治だった。猪野は彼ら一水会を「新右翼」と評したことから、メディアはこれに倣った（先に述べたとおり、牛嶋徳太朗はこれに反論している）。

壊滅状態に陥った民族派学生運動を母体に誕生したと言える一水会は、ある意味では「新しい右翼」の流れをつくった。当初こそ〝民族派のありかた〟を模索する学習会の性格が強かったが、同会に集まったのは、20～30代の若者である。いずれも大学や職場で70年安保をめぐる激しい〝政治の季節〟をくぐりぬけてきた者たちである。議論し、酒を飲むだけの活動に満足できるはずもなく、彼らが街頭に飛び出していくのは必然だった。

結成から2年後の74年に、その後の鈴木の人生を決定づける事件が起こる。北海道の陸上自衛隊千歳基地で隊員が基地内にストリッパーを呼び、ストリップショーを開いた事実が報じられた。一水会ではこれを問題とし、防衛庁に対する抗議街宣を行った。その際、鈴木と同志数名が制止する警察官を振り切り、正面門扉を乗り越えて庁内に侵入。全員があっけなく逮捕された。この一件により、鈴木は産経新聞社を馘首《かくしゅ》される。

「もう後戻りできなくなったと思いました。ほかに就職できる会社もないだろうし、プロの活動家として生きていく覚悟をしました」

専従活動家の誕生は、一水会という組織そのものを学習会中心のサークルから、行動的な民族派団体へと脱皮させた。血気盛んな若手の後押しもあった。これ以降、一水会は街頭での活動を積極的に行うようになっていく。翌75年には機関紙「レコンキスタ」を創刊（現在も発行を続けている）。スペイン語で「失地回復」を意味するこの機関紙は、従来の右翼系機関紙とは違い、「愛国」や「反共」といった右翼用語を極力抑え、ときには左翼論客にも執筆させるといった斬新性で世間を驚かせた。

反体制の民族主義者

鈴木はこの年に、右翼活動家の野村秋介とも出会っている。野村が、河野一郎邸焼き討ち事件（63年、自民党の派閥抗争を「売国的である」とし、当時同党の幹部だった河野の自宅に侵入、放火し、全焼させた事件）で懲役12年の判決を受け、千葉刑務所を出所したばかりのことだった。右翼ミニコミ誌が主催するパーティーの場であったと鈴木は記憶している。そこで二人は「東アジア反日武装戦線」に対する評価などを語り合って意気投合した。一水会はその後、左右を弁別せず、米国主導による戦後体制の打破を唱える野村に大きな影響を受けながら、活動を続けていく。

野村もまた、凡百の右翼活動家ではなかった。権力を嫌い、反体制であり続けることを自らに課していた。河野邸焼き討ち事件で千葉刑務所に服役していた頃、同房の在日韓国人が看守から虐待を受けたことに抗議、刑務所長に直訴したことは、野村を知る人の間ではよく知られたエピソードである。

83（昭和58）年の衆院選では、東京都内の選挙区から立候補した石原慎太郎に対して猛烈な抗議行動も行った。選挙戦期間中、石原と同じ選挙区から出馬した新井将敬のポスターに、「北朝鮮から帰化」と記した中傷ステッカーが相次いで貼られるという事件が起こった。新井は確かに在日コリアンからの帰化者であったが、本人が望んでもいないのに、あえてそれを世間に知らしめることは差別行為であり、悪質な選挙妨害となる。後日、〝犯人〟は石原の選挙スタッフだったことが判明。野村はこれに激怒、石原の事務所に怒鳴り込み、「石原は、すべての在日朝鮮人に土下座して謝れ」と迫ったのである。

野村は、こうした差別を憎んだ。愛国者を自称しながら、他民族を中傷する者をとことん嫌った。嫌韓を叫ぶことが愛国者でもあるかのような現在の風潮を、野村ならばどう評したであろうか。

前述のとおり、93（平成5）年に野村は朝日新聞社内で拳銃自殺を遂げた。同社が発行する『週刊朝日』に、野村が結党に加わった政治団体を揶揄するイラストが掲載されたことに対する抗議だった。このとき、野村の自決現場に立ち会うことになった朝日新聞社の出版局長は、野村が尊敬する戦前の大物右翼「愛郷塾」塾頭・橘孝三郎の親戚筋であったことも不思議な因縁を思わせる。

政治の力で戦後体制を変革する

右翼学生運動出身ながら、新右翼とは異なる方向に進んだ魚谷哲央（前出）のその後についても触れておきたい。

同志社大で日学同に参加するも除名処分を受け、卒業後に右派系出版社に就職したことは先に述べた。だが、そこでも理想を見失った魚谷は地元・京都に戻り、古書店を経営しながら民族派組織「洛風会」を立ち上げる。

その魚谷が「維新政党・新風」を結成したのは95（平成7）年だった。

「議会を通して戦後体制を変革したいと考えました。私にとっては自民党から共産党まで、すべての既存政党が戦後体制そのものです。現憲法に代表される米国の占領政策を覆し、本当の意味で日本を取り戻すためには、国政の場に新しい政党が必要だと考えました」

戦後体制の打破――主張の大部分は米国追従を批判する新右翼と同様だが、国政議会での「変革」を目指したところが、「新風」の特徴だと言えよう。魚谷と同じく国政での民族派活動に期待を寄せる右派学生運動出身者が集まり98年の参院選に候補者を出して以来、主な国政選挙に毎回挑んではいるが、これまで当選者はいない。

それればかりか「党」が魚谷の思惑を外れ、ネット右翼勢力に侵食されるといった事態にも見舞われている。

「10年ほど前からでした。愛国者を名乗る人々が次々と仲間に加わってくれたのです。しかし、その人々が差別的な思想を持った、いわゆるネット右翼であることには気が付きませんでした。私よりも若い入党者に対して、心強く感じていたことは事実です」

魚谷はいまでも旧仮名遣いで文章を紡ぐような人物で、ネットには疎い。新たな入党者たちが、これまでネット上でどのような発言を続けてきたか、外国人排斥のためにどのような活動をしてきたのか、ほとんど把握していなかった。在特会（在日特権を許さない市民の会）などの活動に参加する者たちが「新風」の看板を掲げたこともあり、一部からは「差別集団」として見られるようにもなった。ただし、そうした勢力によって、党勢が拡大したのも事実である。国政選挙では当選者こそ出なかったものの、これまでにない得票数を記録するようにもなった。

「新風」のネトウヨ化が進んだ。

——早い話が、ネトウヨに庇を貸して母屋を取られた、ということですか？

そんな私の問いかけに、魚谷は「そういうことになるんですかねえ」と苦渋に満ち満ちた表情を見せた。

内紛と分裂

2009（平成21）年4月13日、「新風」はウェブサイト上において「民族差別を許さない」と題した「声明」を発表する。

〈一部において、わが党が民族差別を助長する言説を弄してゐるがごとき悪宣伝がなされてゐるが、わが党は道義国家と平等社会の実現をめざして結党されたのであり、民族差別などはもつとも憎むべき卑劣な行ひであると断ずるものである。

維新政党・新風は強い日本をめざしてゐる。強く正しい国民国家こそが、他国や他民族を思ひやり、相互互恵の国際社会をもたらすと信じるからであり、故に卑小なる民族差別主義者とは一線を画すことを改めて宣言するものである。〉

「党」内のネット右翼勢力に対する、魚谷ら伝統右派の抵抗だった。これに対し、ネット右翼勢力は猛反発を示す。罵詈雑言も飛び交う「党」内抗争を経て、翌10年、魚谷に代わり、ネット右翼勢力に近い鈴木信行が代表に就任した。

迷走は止まらない。魚谷ら伝統右派勢力を「反日勢力」とまで罵倒する党員が出てくるなか、15年12月、魚谷に近い近畿地区の党員らが「地区総会」を開催、鈴木執行部に対する退任要求を決議した。その後も抗争は続くも、16年、魚谷が再び代表に返り咲き、さらに「党」本部を東京から京都に移転した。これは鈴木色排除を目的としたものだった。

一方の鈴木は「維新政党・新風 東京都本部」として17年に独立を宣言。これを受けて、魚谷ら執行部は鈴木を除名処分とした。

「なかなか理想どおりには進まない」と魚谷は苦笑する。「だが、やはり民族差別は容認できない。私は民族派として、国益のために他国を厳しく批判もするが、しかし、民族や日本に住んでいる外国人を貶めることには到底同意できません」。

なお、除名処分を受けた鈴木は、17年11月の葛飾区議選に無所属で立候補、2587票を獲得して当選した。選挙スタッフとして〝活躍〟したのは、元在特会のメンバーたちである。その鈴木が当選半月後に、自らのツイッターの発言で世間を騒がせた。日本で梅毒患者が急増している事実を受け、〈誰が日本に持ち込んだか分かるじゃん。一番日本に来ている外国人の支那人だよ〉などと書き込んだのであった。

中国からの訪日観光客の増加を梅毒患者数の推移と重ねただけの推論だが、もちろん学術的・統計的にもまったく根拠が見当たらない。私を含め、多くのメディアが国立感染症研究所をはじめ、専門医などに鈴木の発言についてのコメントを求めたが、一様に「何の根拠もない」「単なる思い込みではないか」と中国人説を明確に否定した。ネットで流布されるわかりやすい〝答え〟を発見し、敵を設定し、憎悪を煽るのは、まさにネトウヨの作法そのものである。公人たる議員のすることではないはずだ。

かくして右派学生運動を母体とした運動は、それぞれの方向に分散していった。その中でも、現在の日本にもっとも大きな影響を与えているのが――全国学協の元幹部らを中心とした保守運動――日本会議である。次章では日本会議の歴史について検証する。

第五章　宗教右派の台頭と日本会議の躍進

背広を着た右翼

時代とともに右翼の姿も変わる。「変わらぬこと」を心の支えとし、「変わること」を嫌悪してきた右翼だが、時代の波は否応なしに価値観を洗い流し、プレイヤーを入れ替える。

「新しい右翼の主役たちは、決して暴力団ではなかった」。──右翼研究の第一人者である堀幸雄《ゆきお》（毎日新聞記者、大学教員などを経て評論家）は、70年代以降の右翼界を、そう評している。

では、「主役」は誰なのか。堀は著書『戦後の右翼勢力』（勁草書房）で、次のように述べた。

〈日常われわれの身近にいて、しかも信心深いと思われる人たちなのである。街頭右翼が「制服を着た右翼」なら、こちらはどこにでもいるサラリーマン風の「背広を着た右翼」である。その彼らが大衆の中に入り、大衆運動を組織して、今日の右傾化、反動化の尖兵となっている。〉

同書の発行（初版）は1983（昭和58）年だ。すでに35年以上が経過しているが、堀の認識は、そのまま現在にも通用する。今日、右翼と聞いて真っ先に連想される街宣車も特攻服も、右派と呼ばれる陣営のなかでは少数派のデコレーションに過ぎない。目立つことはあっても、主流ではない。堀はこう続けている。

〈彼らが大衆の中に入り得たということは、逆にいえば大衆の中に右翼を受入れる余地の

あることを示していよう。大衆は「制服の右翼」を恐怖するが、一方で「背広を着た右翼」のイデオロギーを受入れてしまう。〉

私なりに時代状況を付け加えれば、「大衆」はもはや「制服の右翼」を必要としないほどに右傾化を進めたのではあるまいか。

今日では、「背広を着た右翼」は、よりカジュアルな風体で、右派の勢力図を塗り替えようとしている。では、そうした流れの端緒をどこに見ることができるのだろうか。歴史の針を前章の終盤、右翼学生運動の衰退時期にまで遡らせる必要がある。

大日本帝国憲法の復原を求めた町

岡山県奈義町《なぎちょう》——鳥取県との境に接する人口約6000人ほどの小さな町である。町の大半は山林と原野で占められ、鉄道駅も高速道路のインターチェンジもない過疎地だ。

この町が、かつて一度だけ、日本中の注目を集めたことがあった。1969（昭和44）年、同町議会で「大日本帝国憲法復原決議」が可決された。日本国憲法を破棄し、明治時代に制定された大日本帝国憲法を「復原」させよ、という内容だった。「改憲」ではなく、明治憲法そのものの「復原」である。敗戦から20年以上も経過してから、なぜ大日本帝国憲法復原を訴えたのだろうか。

2017年、町議会事務局を訪ねると、当時の決議提案理由書が残っていた。同書の冒頭にはまず、日本国憲法を憲法として認めることのできない理由が示されている。

〈現行日本国憲法は、その内容に於て全く戦勝国が占領目的遂行のため、仮に憲法と称する行政管理基本法にすぎないものであることは、議員各位既にご承知の通りであります。〉〈(1952年に)日本は独立したのであるから、大日本帝国憲法を卸し復活すべきものを、そのまま二十四年間放置し今日に至った。〉いわゆる「(米国からの)押しつけ憲法論」だ。

さらにこの「押しつけ憲法」が、日本にさまざまな「弊害」をもたらしていると説く。〈大学暴動を始めとして、今や国内は収拾しがたい無法状態となった。〉〈主権在民の民主主義を奉ずる英、米模倣の国家形態となりながら象徴天皇を戴く、木に竹を継いだような国体を出現し、言論の自由をはじめとして、思想、信教、学問、表現の自由と、個人の権利のみ優先し、国権の衰退は眼を覆うものがあります。〉〈吾国に住居して日本の保護を受けながら、その日本を仮想敵国と公言し、日本打倒の目的を以ってする朝鮮大学校を始めとして国内に小、中、高校等無慮数百の反体制教育施設も、占領憲法第二十三条により自由とする〉。人々の自由よりも優先されるべき「国権」があると主張し、そのうえで民族教育を「反体制」だと切って捨てる。

続けて同書は「思想の自由」「表現・言論の自由」は「罵詈雑言の自由にもつながる」とし、現行婚姻制度も伝統的な家族制度を「抹殺する」、ストライキを認めた「勤労者の団結権」も「従来は非合法」であったはずだと嘆いてみせるのだった。最終的に、この理由書は現行憲法を「万悪の源」と位置づけ、「菊花薫る道義国家日本の再建」のためには「明治欽定憲法復原以外に無し」と結んだ。

当時、町議会（定数17議席）では、この提案を10対7で可決した。接戦だった。議会事務局で議事録を確認すると、保守系議員の一部からも同提案に疑問が相次いでいたことがわかる。「改憲決議ならば賛成するが、旧憲法復原には意味がない」。「本来、国会で議論されるべきものではないのか」。もっともな意見ではあるが、2時間の質疑を経て、議案は可決された。こうして山間の小さな町が決議した「大日本帝国憲法復原」は、たちまち世人を騒がせることとなったのである。

「生長の家」との接点

取材を進めていくうちに、この議決の立役者ともいうべきひとりの人物が浮上した。
延原芳太郎——終戦直後から奈義町の町会議員として活動し、議決当時は町の農地委員会会長も務めていた人物である。当時の関係者が語るには、「地元のボス的存在でした。町会議員を小僧扱いするような人で、渋々従った議員もいたと思います」。

延原には複数の別の顔もあった。岡山市に本部を持つ右翼団体の幹部、そして熱心な「生長の家」信者としての顔である。ちなみに大日本帝国憲法の復原は、「生長の家」の創始者である谷口雅春の持論でもあった。先の関係者が続ける。

「延原さんは谷口教祖に心酔していました。生長の家岡山教化部にも所属し、先頭に立って復原に向けた議会工作に動いていました」

議員ににらみを利かせる一方で、地元で学習会を繰り返し、町の有力者たちにも「復原」の必要性を訴えて歩いた。その延原は1990年に92歳で亡くなっている。ならば、せめて家族に話を聞いてみようと、延原家を訪ねてみると――葬儀の真っ最中だった。87歳になったばかりの延原の長男が前日に亡くなったのだという。葬儀のさなかではあったが「せっかく来たのだから」と家に招き入れてくれたのは延原の孫にあたる男性（59歳）だった。

父親の遺影の前で男性は「復原決議のころはまだ子どもだったので、あまり覚えていないが」と前置きしたうえで、次のように話した。

「祖父には、よく、生長の家の集会に連れて行かれました。とにかく谷口先生のことを尊敬していることだけはよくわかりました。復原運動は、その谷口先生の教えをもとに、祖父なりの役目を果たした結果なのでしょう」

部屋の壁には延原芳太郎の写真がかけられていた。芳太郎は白いアゴひげを生やし、ある種の殺気を感じさせるような鋭い眼光が印象的な人物だった。男性は「私に政治信念を押し付けるようなことはなかった」と話すが、亡くなったばかりの延原の長男は自ら右翼団体を主宰し、この男性もまた、同団体の「総裁」という立場にある。日教組大会などには街宣車で出向く「行動右翼」のリーダーだ。

「改憲」の源流

69年に奈義町で可決された「大日本帝国憲法復原決議」は、その後、各地に飛び火することはなかった。世間的には「田舎町の椿事」として認識されるだけだった。

だが、決議を実質的に後押しした生長の家は、翌70年、県庁所在地の岡山市で「正統憲法復原改正全国大会」を開催。教祖の谷口も同地を訪ね、参加者を前に講演を行った。その記録は後に『諸悪の因　現憲法』(日本教文社)として出版されている。同書の「まえがき」には、「天皇から政治的生命を奪い取るために」「マッカーサーが作文した」のが日本国憲法だとしたうえで、次のように続いている。

〈家の制度は破壊せられ、占領憲法第二十四条により、ポルノは家系に優先し、祖先、父母と子孫との関係は断絶し、国家は単に、国民と呼ぶ個人主義者を組合員とする福利組合となり、国民は猥褻文書、ポルノ映画その他の影響で底なしの性頽廃の奈落に向って墜落しつつあるが、それを止めることは、占領憲法の保障する「表現の自由」を侵略するとして止めることは出来ない。〉〈性生活の自由を保障した憲法第二十四条により姦通は自由となり、離婚は自由となり、まだ高校の女生徒にして堕胎する者、頻々と生じつつあり……〉。「ポルノ」や「姦通」を日本文化破壊の元凶とみなし、それを促しているのが日本国憲法だと訴えたところが、戦前の家族制度を理想とした当時の生長の家らしい主張である。

むろん、この一事が日本社会に格別の影響を与えたわけではない。奇異に見られたからこそ話題となっただけで、時計の針を戦前に戻す動きが全国で盛り上がったわけでもない。だが、この時期から日本の右派勢力は、憲法改正を最大の政治課題に掲げるようになる。

いま「椿事」を笑うことができないのは、大日本帝国憲法の復原、すなわち現憲法の破棄を大真面目に訴える者たち（なかには政治家もいる）がそれなりの影響力を持った立場にあるからだ。少なくとも憲法はもはや「改正」が目前にある。

自民党本部で改憲集会

前章で述べたとおり、右派による学生運動は、70年安保闘争の終焉、新左翼系の学生運動の没落と軌を一にするように、その勢いを完全に失いつつあった。

そして彼ら学生に代わって右派の主役に躍り出たのが、「生長の家」のような宗教保守だった。その彼らが新たなテーゼとして持ち出したのが、まさに改憲だったのである。

生長の家信者であり、長崎大で自治会を掌握し、右翼学生運動の歴史を切り拓いた椛島有三は、70年に同大を中退した。当時、生学連出身者の多くは教団職員となっていったが、椛島が選択したのは専従運動家として〝右派〟を盛り立てる道だった。椛島の呼びかけで日本青年協議会（日青協）が設立されたのもこの年である。

日青協は生学連のOBを集めて結成された青年右翼組織だ。初代委員長は衛藤晟一（現自民党参院議員）で、椛島は実務を取り仕切る事務局長に就任している。その日青協が創立時から一貫して主張してきたのが、生長の家・谷口が唱えていた改憲だった。日青協は各地で改憲集会を繰り返した。

76（昭和51）年5月3日。当時の三木武夫内閣は、政府主催の憲法記念大会を憲政記念館で開催した。「議会の子」を自称し、保守リベラルの道を進んで左右の全体主義を嫌った三木は、右派の改憲運動を冷ややかに見ていた。三木は国会の場でも「改憲を推進することはない」と断言している。憲法記念大会は、三木の護憲姿勢を表したものでもあった。

これに猛反発したのが、日青協などの右派勢力である。この日、日青協メンバーなど約

1500人は、抗議のために自民党本部に押し掛けた。彼らは党本部8階の大ホールで、改憲集会を強行開催したのである。集会には自民党からも玉置和郎（生長の家が支援していた）、中尾栄一、中川一郎といったタカ派議員が参加した。主催者を代表して、椛島が「自民党は改憲を実行せよ」「三木内閣糾弾」のアジ演説をぶった。

〈みなさん、戦後30年間、左翼勢力、革命勢力の突き上げによって、自民党は左へ左へ旋回し、ひいては日本が左翼攻勢の突き上げの中で左旋回する形で国の流れは動いていったと言ってよいと思います〉

椛島のスピーチには、満席の会場から割れるような拍手が送られた。

党本部8階の窓からは「政府主催の憲法式典を糾弾する」と大書した垂れ幕が投げおろされた。日青協と自民党タカ派による造反劇であった。

天の啓示

翌77（昭和52）年、椛島を中心とする日青協の事務局は、そのころ元号法制化の運動などに取り組んでいた右派団体「日本を守る会」（守る会）事務局をも兼ねるようになる。

この「守る会」が結成されたのは74年。同会の設立発起人となったのは、臨済宗円覚寺《えんがくじ》派本山・鎌倉円覚寺貫主を務めていた朝比奈宗源である。書家としての評価が高く、テレビ業界では「水戸黄門」「大岡越前」など時代劇の題字を揮毫したことで知られる。

朝比奈はもともと平和運動に熱心で、賀川豊彦、尾崎行雄らと世界連邦運動などに関わっていた経歴を持つ。だが、伊勢神宮に参拝した際に「天の啓示」を受けたことで、世界観が一変したのだという。

宗教家の立場から右派運動組織の設立に動いた朝比奈が頼ったのは、生長の家の谷口である。右翼学生運動の黒幕であり、そのころすでに生政連（生長の家政治連合）を組織して自民党内にも足場を持っていた生長の家は、朝比奈に全面協力を申し出た。

日青協の機関紙『祖国と青年』（85年8月号）には、その経緯が回顧録として描かれている。筆者は富岡八幡宮の宮司だった澤渡盛房だ。澤渡は先代宮司・富岡盛彦の「かばん持ち」として各所に同道していた。回顧録によれば、73年ごろ、富岡は伊勢神宮の宿舎で朝比奈と同宿し、日本の現状を憂える議論を交わし、意気投合した。そこで具体的な運動を起こすにあたり、二人が相談先として最初に訪ねたのが谷口のもとだったという。

以下は回顧録の引用だ。

〈両大人（引用者注＝朝比奈と富岡）から谷口総裁に対し訪問の趣旨を交々語るところがあったが、世相を歎じ、宗教心の煥発を論じ、談論風発、精神運動の必要を談じて三ツ巴の論談が展開されたこと云うまでもない。

その時である。『生長の家の二つや三つぶっ潰れても、祖国日本が本来の姿に立ち戻るためにはそれも止むを得ない、私たちはそのような覚悟と堅い決意で生長の家を拠点とした宗教活動に精進している。協力を惜しまないどころか、生長の家の活動そのものの目指すところはそこにある』という力強いことばが谷口総裁の口から迸り出たのであった。

まさに愛国者の箴言だった。これに力を得た両大人はそれから手わけをして目指す有識者を説き廻って遂に昭和四十九年四月二日、明治記念館における「日本を守る会」の発足につながるわけである……。〉

これが正確に記されたものであるならば、谷口は相当の決意をもって、協力を申し出たことになる。実際、「守る会」の事務局は、生長の家に関係する日青協のスタッフがそのまま横滑りした格好になった。

なお、「日本を守る会」設立に関わった富岡八幡宮は2017(平成29)年12月、姉弟のトラブルをきっかけとした殺傷事件で世間の注目を集めた。かつて谷口とともに「有識者を説き回った」富岡盛彦は、事件当事者の姉弟の祖父であり、そうした経緯から同八幡宮は右派運動圏からも一目置かれる存在だった。

バックラッシュ

「日本を守る会」設立当初の役員は、生長の家や富岡八幡宮だけでなく、明治神宮、浅草寺、佛所護念会、世界真光文明教団《まひかり》、修養団、モラロジー研究所など、いずれも宗教団体の代表者たちであった。いわば宗教界右派の大同団結である。

「守る会」は、その結成趣旨書において、「愛国心が希薄」となった日本の現状を憂い、「戦後の弊風を一掃して倫理国家の再建」に努めるとした。つまり、彼らが目指したのは「戦後」という時代の否定に等しい。言論の自由と民主主義、人権、平等、反戦平和といった概念は、日本を民主国家に仕立て上げ、発展の礎となった。だが、右派はそこに〝壊されていく国体〟を見た。あるべき日本が失われていくのを感じた。「守る会」結成の2年前には、総選挙で日本共産党が38議席を獲得、大躍進を遂げたのにも危機感があったろう。

いうなれば宗教右派を中心とした勢力により、戦後民主主義へのバックラッシュ（反動・揺り戻し）が始まったのである。この流れは、あらゆる権利意識を否定する現代のネット右翼の思考にもつながっていく。愛国心と改憲の旗を高々と掲げ、「日本を守れ」と叫びながら戦後という時間を否定する回路は、まさにこの時代から生まれたと言っていい。

そして、そのために必要なのは街宣車でも暴力でも、あるいは学生に限定した党派でもなかった。大衆運動である。右翼の内部にいながら、冷静に時代の流れを見つめてきた、元一水会代表の鈴木邦男も同様の見方をとる。

「国のために死ねる――といった、それまでの右翼にありがちだったメンタリティは、その頃から時代遅れになりました。それ以後の運動の流れは、かつての左翼がやってきたように、連帯と連携を意識しながら、大衆運動を盛り上げる方向へとシフトしていきます」

宗教右派の大同団結は、後に巨大組織となる日本会議の源流の一つとなる。

元号法制化運動の勝利

「日本を守る会」の〝成果〟として特筆すべきものを挙げれば、それは「元号法制化運動」であろう。戦前には法的根拠を与えられていた元号（明治・大正・昭和・平成など、年を単位として付けられる称号）は、戦後、その法的根拠を失い、一般的な慣習として用いられていたに過ぎなかった。もしも昭和天皇が逝去すれば、そのまま元号は消えてしまうかもしれないといった危機感を右派は抱いていた。そこで「守る会」が積極的に取り組んだのが、「元号法制化運動」だった。元号に法的な根拠を与え、その維持を図ることを目的とした運動だ。右派勢力にとって、元号は天皇制を守るための生命線でもあった。

同会の呼びかけで、「元号法制化実現国民会議」が結成されたのは1978年。これは元最高裁長官の石田和外《かずと》をトップに据えた大衆運動組織である。なかでも運動の実動部隊となったのは、生長の家と、そして全国に神社のネットワークを持つ神社本庁だった。

全国各地に「元号法制化」を訴えるキャラバン隊を派遣し、それぞれの議会に働きかけを行う。さらには著名人を招いての集会、デモ行進などを展開していく。その結果、全国の地方議会の約半数にあたる１６３２議会で「元号法制化」を求める決議が採択された。地を這うような草の根運動の成果である。結果、79年に右派勢力が悲願としていた「元号法」が国会で成立する。右派大衆運動の輝ける成功体験が、そこにある。なお、このキャラバン隊の隊長を引き受け、「元号法制化実現国民会議」の事務局長を務めたのも、あの椛島であった。長崎大で自治会選挙を戦った時から、椛島は学んでいたのであろう。突飛な行動で世間の耳目を集めるよりも、地道な運動を続けて世間を動かすことの重要性を。連帯と団結、地方から中央へ。左翼運動の得意とする草の根運動のノウハウが取り入れられたのだ。

教育正常化運動

椛島が事務局長を務めた「元号法制化実現国民会議」は、当座の目的を達成したが、この大衆運動の勝利を、後に引き継ぐ必要があった。そこで「元号法制化実現国民会議」を発展的解消する形で、新団体に衣替えさせた。それが「日本を守る国民会議」である。81（昭和56）年10月27日、ホテルニューオータニで結成式が開催された。議長に就任したのは加瀬俊一《としかず》。国連加盟後、初の国連大使を務めるなどした元外交官である。外交評論家として活躍する加瀬英明の実父で、オノ・ヨーコの義理の叔父としても知られる。運営委員長には作曲家の黛《まゆずみ》敏郎が就任した。さらに実行委員のメンバーには、宗教者以外にも、石井公一郎（ブリヂストンサイクル元社長）などの経済人、小田村四郎（のち拓殖大学総長）をはじめとする学者、小野田寛郎（元軍人）、三波春夫（歌手）といった各界の著名人が名を連ねた。

ここに「日本を守る会」と「日本を守る国民会議」の二つの右派団体が存在することとなった。「守る会」が宗教右派を中心とする団体であるのに対し、「国民会議」はより大衆運動を意識した陣容となっている。この2団体が合併して97（平成9）年に設立されたのが日本会議である。

「国民会議」が最大の目標に掲げたのは改憲であったが、さらに、自主防衛と、日本の伝統に基づいた教育の実現も獲得課題とされた。なかでも同会が力を入れたのが、「教育正常化運動」だ。「国民会議」の認識によれば、戦後の学校教育は日教組の強い支配下に置かれ、学校で使用される教科書も日本の伝統文化を軽視した不公正著しいものであった。「国民会議」は「赤化教育」の進む学校現場を批判するだけでなく、独自の教科書編纂にも動いた。

教科書編纂運動の直接のきっかけとなったのは、82年の教科書検定問題である。この年、翌年度に使用する教科書をめぐる検定で、第二次世界大戦中の日本の植民地政策が、「侵略」から「進出」に書き改められたと一部メディアが報じた。これは結果的に誤報ではあったが、その過程で中国・韓国などから強い抗議があったことに、右派が猛反発したのだ。

同年10月、この問題を議論する「国民会議」の教育問題を考える懇談会が開かれた。席上、「この機会に自ら教科書をつくるべきだ」とぶち上げたのは、同会議のメンバーでもある香山《こうやま》健一学習院大教授（当時）だった。香山は中曽根康弘政権のブレーンとしても知られるが、東大の学生時代は学生運動の闘士で、全学連（全日本学生自治会総連合）委員長も務めている。ブント（共産主義者同盟）結成時の幹部でもあった。この香山の後押しにより、「国民会議」主導で高校用の歴史教科書『新編日本史』が文部省（当時）に検定申請されたのは85年のことである。

だが、その復古調の内容に中国・韓国が反発しただけでなく、メディアも批判を加えた。さらに、記述には初歩的なミスも多く、さすがに保守系の学者からも、その不十分さを指摘する声が相次いだ。文部省による数度の修正・改善意見を受けたのち、ようやく検定に合格するが、教育現場に定着することはなかった。それでも、独自の史観に基づいた教科書をつくろうとする動きがこれで潰えたわけではなく、むしろ右派陣営に刺激を与え、教科書づくりが政策目標の大きな柱として打ち出されることになる。

97年には「新しい歴史教科書をつくる会」が発足し、その後、教育現場で一定の影響力を誇示するようになるが、このときも強力な援軍として運動を支えたのは、まさに「国民会議」の元関係者たちであった（これについては後述する）。

数百台の街宣車に勝る

１９８５（昭和60）年、自民党は結党30年を機に、党綱領の見直しを発表した。リベラル派として知られた田中秀征らが中心となって綱領案が練られたが、そこに「日本国憲法を今後も尊重していく」といった一文があったことに、右派陣営が猛反発する。

自民党は設立以来、改憲を党是としてきた。護憲をうたうのは存在意義の否定に等しい。自民党を支持してきた「守る会」や「国民会議」にとっては、許しがたい暴挙に違いない。両団体は自民党内の議員を巻き込み、護憲姿勢に対する批判を繰り返した。結果、田中らが手掛けた原案は破棄され、綱領には「自主憲法制定」の文言が入ることになった。

確実に言えるのは、自民党はすでにこうした右派大衆運動の力を無視できなくなったということだ。かつて自民党は、右翼団体を自らの暴力装置、別動隊として位置づけ、利用し、そして世間の批判を受けて切り捨てた。だが、「守る会」「国民会議」に代表される草の根右派の集団は大衆という背景を持つ。自民党にとっては重要なマーケットの一つなのだ。さらに言えば、右派勢力は自民党との関係を構築する中で党内にシンパも増やしてきた。連帯し、連携し、団結しながら、ときに監視し、意見し、内部への影響力を高めてきた。それはかつての革新政党と労組との関係にも似ている。だからこそ、右派勢力の側にも自民党への遠慮はない。大衆運動は、数百台の街宣車にも勝るのである。

前述した三木武夫内閣の憲法集会への抗議もそうだが、「守る会」を始めとする草の根保守は、ときに自民党にも牙をむいてきた。たとえば95（平成7）年、自社さ連立政権（村山富市内閣）が戦後50年の国会決議を行ったときもそうだった。その前年に村山首相が戦後50年の節目として「不戦決議」を出す方向を示すと、「守る会」「国民会議」は、これを「謝罪決議に等しい」として、一斉に批判行動を起こした。「元号法制化運動」のときと同じく、全国にキャラバン隊を派遣。「謝罪決議反対」の署名活動を行う。キャラバン隊は500万を超える署名を集めた。こうした〝努力〟の甲斐あり、当初、自民党も含めた村山内閣が原案で示していた〝謝罪と反省〟の姿勢はトーンダウンを余儀なくされた。先の大戦における侵略行為を「世界の近代史上における」との枕詞を付けて一般化したのである。

だが、それでも「守る会」側は納得しない。衆院で可決した日、当時自民党幹事長だった村上正邦のもとには、椛島ら「守る会」関係者が押し寄せ、幹事長室を占拠した。

村上は「生長の家」信者として、これまでも右派勢力と自民党の橋渡しを務めてきた。「守る会」事務局に籍を置いたこともあり、同会や「国民会議」にとっては〝身内〟ともいうべき存在だ。当然ながら村上もまた支持団体の要望に応えるべく奔走したが、結果として決議案は衆院で可決される。幹事長室に居座った椛島ら「守る会」関係者はこれに激怒。罵詈雑言を浴びせたという。村上がどうにかその場を収めることができたのは、「参院では可決させない」と約束したからだ（実際、参院では決議されなかった）。

そして日本会議へ

97年（平成9）――「守る会」と「国民会議」が統合する形で「日本会議」が発足した。その前年、「国民会議」は総会の場で「守る会」との組織統合を決めている。議長の黛敏郎は、今後も改憲運動を進めていくとしたうえで、新組織の必要性に関してこう述べた。

「教科書問題、領土問題、夫婦別姓問題、国籍条項の問題など、現在生起している問題は、我々が国民会議を結成した頃には予想もしなかったことだ。日本は戦後第二の危機を迎えている。正しい国民世論を、新しい力を手にして打ち立てるべきだ」

それにしても、なぜこの時期だったのか。二つの組織が統合した理由を、右翼に詳しい朝日新聞記者・藤生《ふじう》明は、村上正邦への取材を通して、そのきっかけが〈九〇年代初めの自民党一党支配の崩壊、それによる政治構造の変化〉にあったと記している。先述した「戦後50年決議」、いわゆる村山談話の発表などが、結果的に右派陣営の危機感を煽ったというのだ。さらに藤生は著書『ドキュメント　日本会議』（ちくま新書）で次のように続ける。〈見落とされがちだが、重要な動機がある。公明党・創価学会の政権参加が、宗教者の危機感をあおり、統合を後押ししたというのである。〉

巨大宗教組織・創価学会を支持基盤に持つ公明党は、その頃から「自公連立」を推し進めていた。公明党は確実に「権力」の側に居場所を求めてきた。数の力を背景に自民党にすり寄るかのような姿勢は、ほかの宗教団体の反発を招いただけでない。もともと天皇制護持や国家神道に距離を置いてきた創価学会は、右派から信頼されていない。そのためか、現在もなお、右派勢力にとって公明党は警戒すべき相手として認識されている。

「生長の家」の離反

97年5月30日、ホテルニューオータニで日本会議の結成大会が催された。会長にはワコール創業者の塚本幸一が選ばれ、副会長には石井公一郎（ブリヂストンサイクル元社長）、安西愛子（声楽家）などが就任した。そして実務を取り仕切る事務総長には、やはり椛島が選ばれた。会長となった塚本は次のように挨拶した。

〈戦後の与えられた民主主義、一見言葉はきれいでありますが、今はいろんな弊害が出てきています。日本のすばらしい精神文化も伝統もだんだんと剝奪されています。〉〈そのためには、まず何といっても、憲法を変えなければなりません。芯が腐っていたのではこの国は立ち直れません。〉〈しかし私は、多くの日本人の中にはまだすばらしい伝統精神が生きていると信じます。これを我が「日本会議」が日本中に徹底させて、五千万人以上の「日本会議」のメンバーができた時に、我々の力をもって憲法改正もできると思うのです。〉

ここに、宗教者を中心とした「守る会」と、大衆運動を指揮してきた「国民会議」が大同団結を果たした。「守る会」に名を連ねていた宗教団体はそのまま日本会議に加わり、「国民会議」の中心メンバーがそれぞれ同会議の幹部として横滑りする形となった。だが、結成当時の名簿にも、そして現在も、右派運動を率いてきたはずの肝心の団体の名前が見当たらない。生長の家である。

実は、生長の家は85（昭和60）年に創始者・谷口雅春が亡くなり、総裁の座を女婿の谷口清超《せいちょう》が継いで以降、右派的な政治運動から手を引いたのであった。宗教右翼からの脱皮を図ったのだ。「守る会」の頃から実動部隊は生長の家信者で占められていただけに、皮肉なものである。そればかりか、昨今では明確に「反自民」の姿勢を打ち出すに至った。

生長の家が「与党とその候補者を支持しない」と題する声明をホームページ上で発表したのは2016年6月のことだ。

〈来る7月の参議院選挙を目前に控え、当教団は、安倍晋三首相の政治姿勢に対して明確な「反対」の意思を表明するために、「与党とその候補者を支持しない」ことを6月8日、本部の方針として決定し、全国の会員・信徒に周知することにしました。〉

〈安倍政権は、旧態依然たる経済発展至上主義を掲げるだけでなく、一内閣による憲法解釈の変更で「集団的自衛権」を行使できるとする〝解釈改憲〟を強行し、国会での優勢を利用して11本の安全保障関連法案を一気に可決しました。これは、同政権の古い歴史認識に鑑みて、中国や韓国などの周辺諸国との軋轢を増し、平和共存の道から遠ざかる可能性を生んでいます。〉

戦前を美化し、憲法改正運動を推し進め、あらゆる右派勢力に人材を送り込んできた、かつての教団の姿を見出すことはできない。現在の教団は完全にリベラルの側に立っている。だが、古くからの活動家が、教団の大転換に倣っているわけではない。彼らが信じているのは教団ではなく、谷口雅春の教えであり、従うべきは「大日本帝国」なのだ。日本会議の一部が、谷口信仰によって支えられている現実は、いまも変わりがない。

勧誘

携帯電話が鳴った。着信画面には見知らぬ番号が表示されていた。

「日本会議です」

中年男性の声が耳に飛び込んできた。

日本会議にはこれまで何度か対面取材を申し込んでいるが、応じてくれたことはない。ようやく取材を受けてくれる気になったのかという期待で気持ちは高ぶったが、それも一瞬のことに過ぎなかった。

「改憲集会に参加いただいたみなさまに、ご支援のお願いをしています」

そういうことだったか。つまりは〝勧誘〟である。名簿に記載された番号に片っ端から電話しているだけだったのだ。確かに私は「改憲集会」に参加していた。

2017年5月3日のことだ。憲法施行から70年目の節目を迎えたこの日、砂防会館（東京都千代田区）別館大ホールで「『二十一世紀の日本と憲法』有識者懇談会」（通称・民間憲法臨調）と「美しい日本の憲法をつくる国民の会」が主催する改憲集会がおこなわれ、私は足を運んでいる。その際、受付で言われるがままに名前と連絡先を記した。

電話の向こう側の男性は私の返答を待つでもなく、いきなり〝本題〟へと話を進めた。

「おたく様は改憲に賛成ですか？」

唐突な問いかけに戸惑い、返すべき言葉を探しあぐねていると、追い打ちをかけるように男性は「改憲運動に参加してほしい」といった説明を始めた。近隣諸国からの軍事的脅威に抗するには憲法を変えるしかない、いまこそ国民運動が必要だ――。改憲への是非を問いながら、その意思を確認するでもなく運動への参加を呼びかける。強引ともいえる話の運びだ。むろん抵抗を感じないではなかったが、取材者としての立場からすれば、この一方的な熱意は興味深かった。正直に言えば感心した。日本会議はこれを繰り返してきた。けっして歩留まりが良いとはいえない活動を、厭わず続けているのだ。草の根を掘り起こすような、地道な取り組みこそ、日本会議の「強み」なのだろうと思う。

改憲宣言

ちなみに、この二つの組織、「『二十一世紀の日本と憲法』有識者懇談会」(民間憲法臨調)と「美しい日本の憲法をつくる国民の会」はともに日本会議の関連団体である。

「民間憲法臨調」が設立されたのは01(平成13)年。作家の三浦朱門が代表世話人に就任した。その前年、衆参両院に憲法調査会が設置されたのをきっかけに、文字どおり民間の有識者からの意見提言と世論喚起を目的として結成された。現在、代表に収まっているのは、5月3日の改憲集会の進行役も務めた櫻井よしこ。副代表は浅野一郎(元参議院法制局長)、中西輝政(京都大学名誉教授)、西修(駒澤大学名誉教授)の3人である。代表委員には学者や財界人に交じり、堺屋太一(作家)、津川雅彦(俳優)といった名前を見ることもできる。

一方の「美しい日本の憲法をつくる国民の会」。こちらの共同代表として名を連ねるのは前出の櫻井のほかに、田久保忠衛《ただえ》（杏林大学名誉教授）、三好達《とおる》（元最高裁判所長官）。代表発起人には青山繁晴（自民党参院議員）、葛西敬之（JR東海名誉会長）、百田尚樹（作家）など各界から名の知られた人物が並ぶ。両団体のメンバーの多くが重なっている。

さらに事務方として、やはり両団体に名を連ねるのが百地《ももち》章（国士舘大学特任教授）と、前章でも触れた椛島有三（日本青年協議会会長）である。

改憲の〝動力〟――憲法改正や伝統的価値観の獲得をスローガンとする日本最大の右派組織、日本会議はそうした文脈で語られることが多い。会長は田久保忠衛、三好達は名誉会長を務める。百地章は日本会議の政策委員だ。椛島有三が事務総長を務める。現在、会員数は約4万人。47都道府県本部のほか、243の支部を擁する。

政界との結びつきも深い。日本会議を支援する国会議員の組織「日本会議国会議員懇談会」（会長・古屋圭司衆院議員）の所属議員は約280名（17年10月現在）。安倍首相が同懇談会の特別顧問を務めるだけでなく、現内閣閣僚の大半がメンバーである。

17年5月の改憲集会で注目されたのは、民間団体の主催でありながら、首相・安倍晋三がメッセージを寄せたことである。しかも、それは誰もが初めて耳にする〝改憲日程〟であった。壇上の大型スクリーンに安倍首相の姿が映し出されたのは集会の中盤だった。

首相は3年後の東京オリンピックに言及し〈日本が新しく生まれ変わる大きなきっかけ

にすべき〉だと言った後、こう続けた。〈新しく生まれ変わった日本が、しっかりと動き出す年、２０２０年を、新しい憲法が施行される年にしたいと強く願っています。私は、こうした形で国の未来を切り拓いていきたいと考えています。〉

日本会議の改憲集会

　首相の立場にある者が、改憲の実現時期について具体的な目標を口にしたことはこれまでにない。場内には拍手が沸いた。「よし！」と叫ぶ者もいた。会場には１０００人を超える参加者がいた。用意された椅子はすべて埋まり、立ち見が出るほどの盛況ぶりだ。会場の後方から見ると白い髪が目立つが、若者が皆無というわけではない。女性の姿も少なくなかった。

　奇妙な熱気が渦巻いていた。それは団結と連帯を確認するようなものではなく、高揚を誘うものでもなかった。皮膚の内側からじわっと汗が染み出るような、ある種の熱病を思わせるものだった。誇示されるのは瞬発力ではなく、積み重ねた努力の結晶なのだと訴えているようにも見える。

続々と成果を挙げる

この日、会場で参加者に配布されたパンフレット類のなかに、「美しい日本の憲法をつくる国民の会」が発行する署名用紙が含まれていた。

〈あなたも美しい日本の憲法をつくる1000万賛同者に！〉

この題字に添えて、具体的な改正内容案が記される。

●前文には、美しい伝統・文化を盛り込み、世界平和に貢献する日本の使命を明記しましょう。

●第1章には、天皇陛下が日本国を代表する元首であることを明記しましょう。

●9条は、1項の平和主義は堅持し、2項では自衛隊の憲法上の規定を明記しましょう。

14年に設立した同会は、1000万人の賛同署名を集めることを活動の柱としてきた。日本会議が関係する集会だけでなく、さまざまな保守系、右派系の集会で署名用紙の配布に努めてきた。多くの神社も、境内に署名用紙を置いていた。そうした成果もあってか、現在、900万を超える署名が集まったという。「背広を着た右翼」の成果である。街宣車ではできないことを、彼らは足を使うことで成し遂げた。改憲の気運は、ここにきて急に盛り上がったのではない。こうした地道な取り組みによって一歩一歩、着実に、そして確実に、日本社会に改憲の空気を注ぎ込んできたといえよう。

日本会議はこれまでに、改憲運動のほか、国旗国歌法制定運動、外国人地方参政権反対運動、教育基本法改正運動などに取り組んできた。結果として、それはすべて日本会議の思惑どおりに進んでいる。確実に日本社会に「右傾化」の空気を注ぎ込んできた。

たとえば国旗国歌法（日の丸と君が代に、国旗国歌としての法的根拠を与える法律）制定に関して、政権に訴え続けてきたのも日本会議だ。1999年6月、同会議の幹部らは、同会議国会議員懇談会の平沼赳夫、安倍晋三などを引き連れ、当時の首相・小渕恵三に面会、法制化を求める要請書を直接に手渡している。同法が可決されたのはその2ヵ月後だった。

同じ年、日本会議は外国人地方参政権反対運動にも取り組んだ。実は、外国人地方参政権の付与は、実現間近まで進んでいた。在日コリアンの民族団体「在日本大韓民国民団」は、元来、自民党に太いパイプを持っていた。民団の強い働きかけもあり、自民党内でも参政権を認めるべきだといった声は広がりつつあった。野党内では圧倒的に参政権を認める声が強く、もはや「時間の問題だった」（民団関係者）。

ところが、日本会議が行く手を阻む。外国人参政権を「国への干渉」と捉える日本会議は、各地で「参政権反対」の集会を開催した。同国会議員懇談会に所属する自民党内の右派系議員も、小渕首相と面談し、慎重な対応を要請した。日本会議は保守系メディアなどを通して、参政権の「危険性」なども繰り返し訴えた。巻き返しが功を奏した。こうした運動の成果によって、外国人地方参政権付与をめぐる動きはピタリと止むのである。

新しい教科書を

日本会議の〝躍進〟は続く。2000（平成12）年から教育基本法の改正運動を立ち上げ、さらに2001年には首相の靖国神社参拝を支持する国民運動も起こした。

日本会議にとって、戦後に定められた教育基本法は、憲法同様に米国のお仕着せであり、学校教育から日本の伝統文化と愛国心を奪い去った悪法であった。日本会議は教育基本法改正運動を、憲法改正の「前哨戦」と位置付けていた。

これもまた総力を挙げて取り組まれた。集会、デモ、地方議会への陳情、請願、決議。かつての成功体験がここでも繰り返される。地方から中央へ、そして国会議員の囲い込み。有識者などを集めた運動組織「新しい教育基本法を求める会」も発足させた。「国民運動」は時間をかけて丁寧に、しかし、すさまじいまでの熱意をもって進められたのだ。

06（平成18）年、第1次安倍政権によって、ついに教育基本法は改正された。改正法の目玉は、学校教育の目標に「豊かな情操と道徳心」「公共の精神」「伝統と文化を尊重」などの育成が掲げられたことである。日本会議の要望に沿った内容であった。

先述したように、日本会議にとって「教育の改革」は、改憲と並ぶ重要な方針である。

1997年、日本会議設立と同じ年に立ち上げられたのが、「新しい歴史教科書をつくる会」だった。「つくる会」が目指したのは、かつて日本会議の前身である「国民会議」が手掛けた「新編日本史」のような教科書――つまりは〝愛国教科書〟である。日本会議をはじめとする右派勢力にとって、戦後の日本の歴史教科書は権利意識ばかりを強調し、日本の伝統を軽んじるばかりか、子どもたちに罪の意識を抱かせるような「自虐的・反日的」な内容だと捉えられていた。そこで攻撃のターゲットを、日本の侵略戦争や南京虐殺、従軍慰安婦など加害の歴史に触れた教科書に定める一方で、「日本人の誇りを取り戻す」教科書づくりに着手したのである。そのために設立されたのが、この「つくる会」だった。

同会設立時の中心メンバーは藤岡信勝（東京大学教授）、西尾幹二（電機通信大学教授）、小林よしのり（漫画家）、高橋史朗（明星大学教授）などである。このうち高橋は、生長の家信者が主導していた学生運動組織「生学連」の元活動家で、現在も日本会議の政策委員を務めている。いわば一貫して「反共愛国」の道を歩んできた闘士である。

「つくる会」は2006年に路線対立によって分裂するが、それまでの間、日本会議や自民党文教族と連携しながら、「偏向教科書攻撃」と「新しい教科書の採択」という二つの運動を盛り立てていくのである。

潰された教科書会社

17年秋、私は都内の喫茶店で、池田剛《つよし》から話を聞いた。大手教科書会社・日本書籍の編集者だった人物である。

「すさまじかったですよ」。池田は開口一番、そう漏らした。

「日本を貶めるな、反日教育をするな、売国奴、などと、あらゆる非難を受けました」

池田が勤めていた日本書籍は、老舗の教科書会社だった。戦前は国定教科書を手掛け、戦後も中学校の歴史教科書分野では大きなシェアを誇っていた。90年代まで、東京23区の中学校すべてで、日本書籍の歴史教科書が使われていたという。

会社に異変が訪れたのは1997（平成9）年。同社が検定を通した教科書で、従軍慰安婦の問題を取り上げた。これが「反日的」であると、右派勢力の攻撃対象とされたのである。

「元慰安婦の女性たちが裁判を起こすなど、当時、慰安婦問題は国内外で激しい議論を起こしていました。そうしたこともあって、余計に歴史教科書が注目されたのでしょう。保守系メディアの報道を契機として、さまざまな抗議が会社に相次ぎました」（池田）

脅迫めいた電話は茶飯事だった。ファックス、手紙による抗議も連日続いた。池田は当時会社に送られた「抗議文」などをいまでもファイルに挟んで保管している。

〈偏向教科書だと気づかない愚かな出版社〉〈コミンテルン史観〉〈愛国心のかけらもない〉〈社会科教科書を焼いてしまいたい〉〈全面削除を求める〉——。

どうやって調べたのか、同社の教科書を執筆した大学教授らの自宅が写った写真を10枚近く、送りつけた者もいた。だが、本当に深刻だったのは抗議の手紙や電話ではない。

「まともな抗議であれば対応すればよかったし、単なる脅迫は警察に相談すればよかった。でも、実害があったのは想定外でした。01年の教科書採択で、ウチの教科書がシェアを大幅に減らしてしまったんです。実は、右派からの攻撃はウチの会社だけではなく、各地の教育委員会や学校にも押し寄せていたんですね」（池田）

それまで同社の教科書が使われていた東京23区では、採択したのはわずかに2区。大赤字に見舞われた同社は、その後も採択数を増やすことができず、03年に倒産する。

「いまでも悔しく思います。教科書である以上、加害の歴史に触れるのは当然だと思っています。間違った記述はしていません。しかし、時代の波がそれを許さなかったのでしょうね。さらなる問題は、こうした空気が他社の教科書づくりにも影響を与えたことです。業界全体で『日本書籍の二の舞はごめんだ』といった流れが生まれました。いまではほとんどの教科書が慰安婦問題には触れていません」（池田）

もちろん、抗議の手紙を送りつけたのが、すべて「つくる会」や「日本会議」の関係者であったわけではないだろう。だが、当時、そのような空気を醸成したのが両団体であることは間違いなかった。「つくる会」が生み出した「自虐史観」なる言葉は、この時期より、教科書攻撃の常套句として、あるいは左派全体への罵倒語として定着していくのである。

会社ぐるみで採択運動

ところで、他社の教科書を「自虐的」だとして批判活動に力を入れた「つくる会」は、社会運動としての盛り上がりをつくることには成功したが、肝心の自社教科書は採択が進まなかった。この敗北が、「つくる会」組織分裂のきっかけとなる。

日本会議の影響力や干渉に嫌気が差した一部のメンバーと「日本会議系」のメンバーが対立を深め、06年には「日本会議系」とされるメンバーが「つくる会」を脱退。翌07年に「日本教育再生機構」（再生機構）を設立した。版元、すなわち教科書の出版社としてフジサンケイグループの扶桑社の子会社である育鵬社が当たり、産経新聞などが支持したことも大きかった。その後、「再生機構」の教科書は採択率を伸ばし、現在、育鵬社の歴史・公民教科書は公立・私立中学あわせて全国22都府県、約600校で使用されるまでになった。

同教科書の採択運動のエンジンとなったのは、もちろん日本会議とその支持勢力である。なかには「企業ぐるみ」で採択運動に取り組んだ事例もあった。その代表例とも言える存在が、東証一部上場企業の不動産会社「フジ住宅」（本社・大阪）だ。同社の今井光郎会長は、日本会議に所属する倫理研究所の法人組織「倫理法人会」の会員であり、また、「美しい日本の憲法をつくる大阪府民の会」代表委員でもある。

15（平成27）年、同社は大阪市における育鵬社版教科書の採択を後押しするために、社員を大阪市内に設けられた教科書展示場（33ヵ所）に通わせた。アンケート用紙に「育鵬社の教科書が良い」と記入させるためだ。展示場でアンケートに記入させるだけでなく、未記入のアンケート用紙を持ち帰らせ、秘書室で記入させた後、再び展示場に投函させた。つまりは会社挙げての採択運動だった。結果的に育鵬社は大阪市における採択アンケートでトップとなり、同市教育委員会はこれをもとに育鵬社の歴史教科書の使用を決めた。

後に市民団体が市への情報公開請求で調べた結果、フジ住宅社員がアンケートを投函したのは延べ217回、600件を超えると推計。アンケートで育鵬社を支持した779件の大半が同社からのものだったと分析している。

教科書で甦る戦前の家族像

周知のとおり、自民党政府は現在、さらなる教育の「愛国化」に努めている。

2017年度に発表された中学校の新学習指導要領では、武道の選択肢として銃剣道が明記された。

銃剣道は、銃剣で相手を突き刺して倒す格闘術「銃剣術」から生まれた競技である。戦前戦中は学校の軍事教練にも採用された。軍事色が強かったこともあり、戦後は廃れたが、唯一、自衛隊員の訓練競技として生き残った。それがまた、17年3月に発表された新学習指導要領によって生き返ったのだ。

16年12月に出された、中央教育審議会の「学習指導要領等の改善及び必要な方策等について（答申）」では、中学の保健体育について「グローバル化する社会の中で、我が国固有の伝統と文化への理解を深める観点から、日本固有の武道の考え方に触れることができるよう、内容等について一層の改善を図る」としている。銃剣道はこれに沿った形で、教育現場での復活を果たしたのだ。

さらに、18年度から教科化される小学校の道徳の教科書検定でも、不可解な動きがみられた。たとえば、東京書籍の教科書。「伝統と文化の尊重、国や郷土を愛する態度」を学ぶ題材として用いられた「散歩中に友達の家のパン屋を見つけた話」に関して、文部科学省は「扱いが不適切」として意見を付けた。同社が「パン屋」を「和菓子屋」に改めたことで、検定は通った。また、学研教育みらいの教科書でも、子どもたちが公園の「アスレチック遊具」で遊ぶ写真が「和楽器店」の写真に差し替えられた。

「パン屋」も「アスレチック」も、まるで敵性語扱いである。文科省は、文言の差し替えを具体的に指導したわけではなく、あくまでも全体の文脈を問題としたと説明しているが、「言い換え」によって検定が通った事実は変わらない。

教科書会社の編集者で、出版労連の教科書対策部事務局長を務める吉田典裕は、「言い換えも問題だが、問題の本質はもっと違うところにある」と指摘する。

「今回の検定を通った道徳教科書で目立つのは、古めかしい〝男女の役割分担〟や古典的な家族像です。非常に復古的な描かれ方がされている。たとえば、子どもと接するのは常に母親です。父親は職業人として描かれ、家で子育てするのは母親であることが当たり前のように描かれています。また、祖父母も、優しい祖母と伝統を守る祖父、といった役割分担がされている。祖父は戦前育ちとしかいいようのない価値観の持ち主で、時代を考えてもリアリティがありません」

そこに透けて見えるのは、やはり日本会議を始めとする復古勢力の存在だ。彼らは長きにわたり、日本古来の「家族像」を教科書に反映させるよう訴えてきた。

たとえば日本会議の政策委員や「再生機構」理事を務め、「つくる会」設立時の幹部でもあった高橋史朗は、「親学」の推進者である。「親学」とは伝統的価値観を重視した「親としての学び」を指す。伝統重視、昔ながらの家族観といった「親学」の柱は、子どもの主体性を重んじた戦後教育に反発する層から強い支持を受けたばかりか、国の教科書政策にも強い影響を与えてきた。06年に第1次安倍政権でつくられた「教育再生会議」でも、この「親学」が後に提案・提唱されている。

●赤ん坊には子守唄を聞かせ、母乳で育てなければならない。粉ミルクは使わない。

●テレビやゲームなどを制限し、親子で演劇などを見る。

などといった「親の学び」を強いる場合も少なくないことから、「あまりにも非科学的だ」と教育専門家の間では評判が悪い。「親学」では発達障害やアスペルガー症候群を「親の責任」としたこともあり、医学的な見地からの批判も強い。

神社のバックアップ

改憲、そして教育。日本会議は右からの風を絶えず送り続けてきた。それは相当に根気と労力を必要としたものに違いない。

全国各地で駅前に立ち、ひたすら声をからしてきた。ビラ撒きを続けた。著名人にアプローチし、賛同者を増やした。どんな小さな地方議会であっても陳情、請願を繰り返し、議会決議を勝ち取ってきた。党派や派閥の壁を超えて、国会議員の中にシンパを増やしてきた。どこの右翼もやらなかったことを、彼らはひたすら繰り返してきたのだ。どれほど地味な運動であっても、継続することで「実」をとることができる――。それが日本会議の軌跡が示したものである。

重要なのは、日本会議は常に「黒子」に徹してきたことだ。日本会議が国の政策を決めてきたわけではない。日本会議が見せつけたのは「大衆の力」である。その意味において、「日本会議が日本社会を支配している」という見方は間違っている。彼らは「支配」を目指したのではなく、空気を変えることに力を入れてきたのだ。小さな団扇《うちわ》であっても、何千、何万もの数で風を起こせば、大木も揺れる。だからいまでも煽り続ける。大木はぐらぐらと揺れている。

ちなみに、そんな日本会議と〝車の両輪〟に喩えられる存在が、神道政治連盟（神政連）である。前述したように、そもそも日本会議は神社界を中心とする右派勢力によって結成された。その神社界が独自の運動団体として抱えているのが神政連だ。全国に張り巡らされた神社ネットワークは改憲運動の先兵でもある。

神政連の発足は1969（昭和44）年。全国の大半の神社が加盟する神社本庁（宗教法人）の時局対策本部を母体として生まれた。神政連の関係者によると、「神社本庁が対外的な政治運動に関わるのは好ましくないということから、別個に政治団体を設けた」のだという。

創設以来一貫して神道精神の普及、皇室・日本伝統文化の護持、改憲を訴え、それを支持する政治家を推してきた。政治家にとっても、全国約8万の神社、さらには氏子の存在は、票田としても魅力的だ。神政連の議員ネットワークである神政連国会議員懇談会は、現在、衆参合わせて288名（2018年5月現在）のメンバーを誇る。安倍首相もその一員で、若手の頃から同懇談会事務局長などの要職を務め、現在は会長に就任している。

神政連が日本会議とともに、改憲の煽り役として大きな貢献をしてきたことは強調しておきたい。

「神社界の全体主義を嘆かわしく思います」

そう話すのは愛知県清須市にある日吉神社の三輪隆裕宮司（70歳）である。三輪宮司は神職について以来の神政連メンバーで、17年8月までは愛知県本部の役員も務めていた。にもかかわらず、これまで一貫して「改憲反対」の姿勢を崩さずにきた。意見が異なっても右派主導の組織から離れないのは、抵抗者の存在を知らしめるためでもあるという。

「若いころにはいろいろと圧力もあったが、最近では何も言われません。上の方も諦めているのでしょう。おかげで自由に発言できます」

三輪宮司によれば、世間からは右派陣営だと思われている神社界であっても、本物の右派は「1割もいないのではないか」という。

「要するに、上に対して何も言えないだけなんですよ。だからこそ全体主義が育ってしまう。しかし、こっそりと私に賛同を示してくれる宮司も少なくありません」

改憲の署名用紙や教育勅語が社務所に置かれていたとしても、単に本庁から送られてきたものだからと機械的に並べてあるケースも多いらしい。

「本来、神社はイデオロギーとは無縁の場所にあるはず。神社本庁や神政連は結局、改憲運動などを通して権力による支配の道具に成り下がってしまったと思うのです。彼らの言う『伝統』にしても、要するに戦前回帰、大日本帝国のことですからね。伝統を口にするのであれば、神社を本来あるべき祈りの場に戻すべきです」

戦前、神社は一宗教というよりも国家機関の一部だった。神社界が改憲に躍起となるのは、国家と一体化した「戦前の神社」を神社本庁幹部らが夢見るからではないのか。だからこそ、戦後という時間は否定されなければならないのだ。

「それでも戦争を知っている宮司がいた時代には、ぎりぎりのところで〝戦争だけはまずい〟といった雰囲気はあった。それがいまや、戦争を知らない世代が神社界を牛耳るようになり、かつての大日本帝国を目指す者までいる。非常に危険な状況にあると思いますよ」

全体主義の流れは、神社が持っていた多様性まで奪おうとしているのだ。

なお、本章の〝主役〟である日本会議からは直接取材の代わりに、書面による回答が送付された。それによると——「戦前回帰」との批判に関しては次のように反論する。

〈日本会議は現行憲法の改正を主張しておりますが、帝国憲法の復活など一度も方針に掲げたことはありません。その一方で、戦後7年間のGHQの主導のもとで行われた、『皇室制度改革』『憲法改正』『極東国際軍事裁判（東京裁判）』など、数々の占領政策の功罪を再検証する必要があると考えます。〉

また、〈特定の団体、特定の宗教、個人が差配する団体ではない。〉としたうえで〈様々な形で要望活動を行いますが、そうした要望に政府や自民党が拘束されるわけではない。〉として、〝政権への強い影響力〟という点も否定した。同時に〈『ネトウヨ』などと同列に論じられることも大変迷惑しております。〉と書き添えてあったことも報告しておきたい。

第六章　ネット右翼の跋扈

現代の右翼は「背広を着た右翼」だけが目立っているわけではない。これまで見てきたように、右翼は土台をそのままに装いのリニューアルを繰り返す。いま、日本社会で跳梁跋扈するのは、鼻歌交じりに「愛国」の旗を掲げるライト（light）なライト（right）だ。ただし、重みはなくとも破壊力はある。社会に深刻な亀裂を持ち込む。笑いながら、軽やかにスキップしながら、人と地域を壊していく。従来の右翼観を塗り替えたという意味において、あるいは国際的な基準で言えば「極右」そのものである。

JCは〈一言で言うとバカだど〉

たとえば——「宇予《うよ》くん」はまさにその典型だった。

日の丸を背負った「宇予くん」なる珍妙なキャラクターが話題となったのは2018年2月のことだ。明らかに右翼を連想させる「宇予くん」は、ネット上で吠えまくっていた。

〈中国、韓国は自分たちを棚に上げて、日本だけに文句を言って来てるど。一言で言うとバカだど（中略）日本はこのバカ二国と国交断絶、もしくはミサイル爆撃したほうがいいど。〉〈反日洗脳偏向報道機関のNHKだど。〉〈ガイキチ朝日新聞。〉

「宇予くん」はツイッターのアカウントである。赤塚不二夫が描く「ハタ坊」にも似た二頭身の男をアイコンの画像とし、プロフィール欄には〈保守思想、趣味は筋トレ、好物は肉〉とだけあった。連日にわたって隣国や国内マスメディアへの罵倒を繰り返し、民族差別を煽る一方、〈安倍首相、憲法改正に意欲的だと。頑張って欲しいど。〉と安倍晋三首相への賛美は欠かさない。典型的なネトウヨ系のアカウントである。

だが「宇予くん」のアカウントを管理していたのは、暇つぶしにヘイトスピーチを書き込むような単なるネトウヨではなかった。公益社団法人「日本青年会議所」（日本ＪＣ）――地域の若手経営者などで組織される経営者団体が「宇予くん」を動かしていたのである。

「宇予くん」のプロフィール欄にも、ツイートの内容においても、ＪＣのことはまったく触れられていない。だが、ネット上に「宇予くん」を用いた改憲戦略を示すＪＣの内部文書が流出したことで、両者の関係が明らかになった。

この文書によると、「宇予くん」はＪＣの憲法改正推進委員会によってつくられたキャラクターで、「憲法改正をはじめとする歴史や愛国心など保守的なことを面白くつぶやく」「対左翼を意識し、炎上による拡散も狙う」ことを目的としたネット戦略の一環であるという。「19歳」「浪人生」「右寄り」といったキャラクターイメージも設定され、ツイートする際には語尾を「～ど」「～だど」とするよう決められていた。

私が愕然としたのは、ＪＣがかくも下劣なキャラクターを用いてまで改憲運動を推し進めようとしていたことだけではない。内部文書を読むかぎり、ＪＣは「宇予くん」なる存在を本気で「対左翼」「改憲運動」に有効だと思っていること、さらには右翼にひもづけられる「宇予《うよ》」なる文言を用いることに、何の躊躇も見せていないことだった。

その後、「宇予くん」の〝中の人〟であったことがバレたJCは、アカウントを消した。ウェブサイト上で「不適切発言を繰り返しておりました」とのお詫びメッセージも掲載した。

宇予くん

この問題が発覚した直後、私はとある温泉町で、地域の青年会議所の活動に参加し、日本JCへの役員出向経験を持つ男性と会った。男性は「宇予くん」に憤っていた。「JCの……いや、日本の恥だ」と息巻いた。この男性によれば、JCに参加するのはほとんどが2代目、3代目の経営者や役員で、大半は政治的なことにはほとんど関心を示さないという。だが、今世紀に入ったあたりから、「自民党に近いJC幹部らによって、改憲に向けた世論づくりが議論されるようになった」。

一般メンバーに政治的無関心層が多くとも、JCはもともと自民党に極めて近い場所で機能してきた。中曽根康弘、小渕恵三、森喜朗、麻生太郎といった首相経験者もJCのメンバーだった。麻生はかつて日本JCの会頭も務めている。「露骨なまでに改憲色を強めたのは第1次安倍政権が発足したころ」だとこの男性は言う。歴史修正主義に基づく〝戦前賛美アニメ〟を制作したり、保守派の評論家を招いての改憲集会を各地で開催したりした。「自らが自民党と一心同体であることを隠さなくなったんです。あげくの果てには『宇予くん』という幼稚なキャラクターを用いて、右翼を正当化するまでになったのですから、もう、右翼そのものだと見られても仕方ない」

私は、これこそがいま、もっともポピュラーな右翼の姿だと思っている。嘲笑と冷笑、そしてヘイトスピーチ。差別と偏見をむき出しに「敵」を次々と発見しては、個別に撃破していく。ネット出自の日本版「極右」は、各所で今日も暴れまくっている。

いま、もっとも「極右」な場所

カリカチュアされたキャラクターではなく、こうした思考に染まった生身の人間もまた、探すのにさほどの苦労を必要とはしない。

いま、もっとも「極右」な光景を目にできる場所は、靖国神社でも伊勢神宮でもなく、国政選挙戦最終日の秋葉原（東京都千代田区）ではなかろうか。

17年10月21日。第48回衆院選挙戦最終日もそうだった。夜の駅前広場。自民党の宣伝カーが並び、首相をはじめとする同党幹部が最後のお願いに声を張り上げる。これを迎えるのは数千にも及ぶ日の丸の小旗だ。広場や歩道橋を埋め尽くした聴衆が一斉に日の丸を打ち振る様子は、さながら国威発揚の祭典だ。

「シンゾー！」「アベさーん！」。安倍晋三首相が到着すると大歓声が沸いた。日の丸が揺れる。映画やドラマでしか見たことのない出征兵士の壮行会を連想した。私が取材で見かけるネット右翼の姿も少なくなかった。

「がんばれー」「負けるなー」。

首相は手を振ってこれに応える。大歓声に気をよくしたのか、演説も〝攻め〟の勢いに満ちていた。２０１７年度国会の焦点でもあった「森友・加計《かけ》問題」への言及は一切ない。これまでの経済政策でどれだけの成長を遂げることができたか、北朝鮮の脅威がどれだけ深刻化しているのか、上ずった声で訴えるたびに日の丸の波がうねる。

「日本を守り抜き、日本の未来を切り開くのは私たち自由民主党であります」

締めの言葉に群衆は熱狂した。首相が宣伝カーを降りても熱狂は止まない。歓喜は、勢いをそのままに、次は怒りとなって「敵」への攻撃が始まった。その標的となったのは、その場にわずかながら〝参加〟していた「反安倍」の人々とマスメディアである。

「帰れ！」「オマエら、非国民なんだよ！」

日の丸の小旗を槍のように突き出し、怒声をぶつける。
自民党遊説局によれば、選挙戦最終日の〝マイク納め〟を秋葉原に選んだのは12年12月の衆院選挙からだという。それまでは渋谷や新宿、池袋といった大ターミナル駅前だった。
「12年の衆院選の前に、自民党の総裁選が行われました。その際、5人の候補者たちが秋葉原で街宣をしたところ、とても反応が良かったんです。安倍さんが訴えた『日本を、取り戻す。』というキャッチコピーも大いに受けた。ネットユーザーに与えた影響は大きいと思います。そうしたこともあって、秋葉原は安倍政権にとって象徴的な場所として位置づけられるようになりました」（遊説局担当者）
要は〝ネット受け〟が良いことを十分に理解したうえでの秋葉原街宣なのだ。だからこそ、ここには無数の「宇予くん」が集まる。自民党の応援という形を借りて、排他の気分を爆発させる。自民党はこれを否定しない。無数の「宇予くん」は、大事な票田なのだから。

ネットから生まれた悪罵

1995（平成7）年、マイクロソフト社の「ウィンドウズ95」の発売を契機として、それまで一部の趣味者とアカデミズムの世界だけで使われてきたインターネットが、一気に日本社会で普及した。ネット右翼は文字どおり、このインターネットの舞台に躍り出た。

匿名、検閲もない、自由に好きなことを書くことができる。誰かに「読まれる」ことを前提とすれば筆も走る。いや、入力にも勢いがつく。

ネット掲示板をはじめ、各種ブログ、SNS(ソーシャルネットワーキングサービス)には、自称「愛国者」による、憎悪と怨嗟、あるいは差別と偏見に満ち満ちた書き込みが見られるようになった。悪罵が向けられる対象は、在日コリアンをはじめとするマイノリティ、左翼から、メディア、単に政権を批判する者までさまざまである。2017年、天皇・皇后が朝鮮半島に由来を持つ高麗《こま》神社(埼玉県)を訪問した際は、嫌韓ムードに押されてか「天皇夫婦は反日」といった書き込みさえ相次いだ。

「反日」「国賊」「売国奴」「非国民」——。自らの思想や考え方を披露するというよりは、他者を排除、排撃するだけの言葉がネット上であふれた。しかも決まって自らを「愛国者」「日本人」であるとしたうえでの攻撃である。こうした者たちほど、国家を背景にすると声が大きくなる。先鋭化を競うように書き込みを繰り返す中で、マイノリティの「抹殺」「虐殺」「一掃」などを主張する者たちが勢いを増していった。

悪罵と憎悪に人々が煽られる。〝目覚めた〟者たちのなかから、現実社会での「連帯と団結」を目指す者たちが生まれた。それがネット右翼の街頭デモへと発展していく。在日外国人のようなマイノリティに向けて「死ね」「殺せ」を連呼しながら練り歩く光景は、一時期、東京や大阪では毎週末に繰り返されていた。日の丸や旭日旗、ナチスのハーケンクロイツを林立させた〝差別デモ〟を目にしたことのある人も少なくないだろう。

在特会の隆盛

先頭を走っていたのは06年末に結成された在特会（在日特権を許さない市民の会）だ。この団体は、在日コリアンなどの外国人が日本において「生活保護の優先受給」など優越的な権利を持っていると主張し（実際にはただのデマに過ぎない）、外国人の排斥を各地で訴えた。設立時の会員数は500名程度であったが、後に1万5000人にまで規模を膨らませている。

在特会の結成当時の広報責任者は私の取材に対し、「会の母体となったのは『2ちゃんねる』のようなネット上の掲示板で、保守的な意識をもって〝活動〟を続けてきた人々だ」と答えている。つまりは、ひたすらマイノリティに対する差別的、攻撃的な書き込みをしていたネット右翼が母体である。

実際、私は多くの在特会員に会って話を聞いたが、政治運動の経験者はほとんどいなかった。年代や職業もさまざまである。中学生がいた。高校生がいた。有名私大に通う学生もいた。サラリーマンや自営業者、企業経営者、主婦、リタイアした高齢者。もちろんアルバイターや無職やニートもいる。共通しているのは、いずれも「ネットで真実を知った」と述べるところだった。

彼らが口をそろえて言う「真実」とは、在日コリアンが福祉で優遇されている、優先的にメディアに就職できる、あるいは政治や行政、経済の分野を「裏で牛耳っている」といった内容である。ネットにあふれる陰謀論やフェイクニュース（虚偽の情報）に乗せられたものばかりで、中には「日本を支配しているのは在日」などと大真面目に語る青年もいた。

「バカバカしい」と切り捨てることができないのは、それが一定の勢いをもって社会に広がっていること、そして現存する歴史論争や社会問題にコミットする形で差別を煽っていることである。また、匿名のネット右翼に限らず、影響力を持った著名人や一部メディアまでもが、そこに同調したことも、問題を深刻化させた。

娯楽としてのヘイトスピーチ

在特会の活動は驚異的な勢いで全国に広がった。北海道から沖縄まで、主要都市に次々と支部を設け、デモや街宣を繰り返した。その在特会が武器としたのは、街宣車でも、特攻服でも、単なる恫喝でもなく、日本会議のような議会への働き掛けでもなかった。

ヘイトスピーチである。在日コリアンをはじめとするマイノリティに対して、民族のような抗弁できぬ属性を揶揄し、攻撃し、差別し、さらに憎悪を扇動した。マイノリティを沈黙させ、恐怖を与える点にこそ、ヘイトスピーチの本質がある。

タチが悪いのは建前としての大義名分を掲げていることだ。北朝鮮による拉致問題。従軍慰安婦や南京虐殺をめぐる歴史認識問題。常にこれらを活動のテーマとしたうえで、ヘイトスピーチに「理由」を持たせるのである。そのうえで「従軍慰安婦問題に関して韓国に抗議する」と銘打ったデモを、在特会はあえて在日コリアンの集住地域でおこなう。おそらく、従軍慰安婦に関する深い知識もなければ、議論しようという気持ちもない。大事なのは在日の集住地域で大騒ぎするというその一点だけだ。

在特会のデモの風景

「慰安婦は売春婦」「在日は出ていけ」「在日は死ね」「在日の女はレイプしても構わない」。デモ隊はこうした言葉を連呼しながら街を練り歩く。テーマが「南京」であろうが、拉致問題であろうが同じである。結局、訴えたいのはマイノリティ排除なのだ。

一部の参加者にとってデモは娯楽、エンターテインメントでもある。在特会メンバーの一人にデモ参加の理由を尋ねると、「楽しいから」という答えが返ってきたことがある。「怖いと思っていた在日が、デモ隊を前にすると何も言えずに黙っている。それを見るのが楽しい。日本人の力を見せつけてやったような気持ちになる」

別のメンバーは「仲間ができた」と喜んでいた。この人物は20代の会社員だったが、ネットを眺めているうちに韓国や在日コリアンに敵意を持つようになったという。しかし、周囲の人間にそのことを話しても相手にしてもらえない。だから在特会に入会し、デモや集会の場で多くの仲間と交流を重ねる中で、ようやく「安心できた」という。

実際、彼らだけでなく、多くの参加者は楽しそうだった。デモが警察に守られているという安心感もあるのだろう。カウンターと呼ばれる人々が沿道から抗議の声をあげたところで、にやけた顔でデモを続ける。日の丸や旭日旗を打ち振りながら大笑いする。デモが終われば居酒屋で懇親会だ。私は幾度か懇親会の会場へ〝潜入〟したこともあったが、確かに楽しそうではあった。ネットで集めた知識を披露しあい、在日コリアンを罵倒し、笑い声をあげる。居酒屋の店員がたまたま中国からの留学生であったりすると歴史問題をふっかけ、みなで詰問する。

それで盛り上がることのできるメンタリティが、私にはただただ不快だった。不快で済まないのはマイノリティ当事者だろう。馬鹿にされ、存在を否定され、社会から消えろと迫られているのだ。容認できるわけがない。ところが、在特会は「市民の会」を名乗りながら、現実的な解決を求めていく運動をしているわけでもない。殺戮、殺害を教唆し、むき出しの憎悪をぶつけているだけだった。

過激な右派集団

それでいいのか——そんな私の問いに対し、「それでいいんですよ」と返したのは、在特会の地方支部長のひとりだった。デザイン会社を経営しているこの男性はこう話した。

「ハードルは低くていいし、入り口は広いほうがいい。運動体として、あらゆる人を受けいれた方が力は強くなる。だからネットの力は重要です。それぞれが抱えた不満や危機意識を結びつけることができる。お手軽すぎるという批判も耳にしますが、大事なのは手段ではなく目的ですからね」

一般的な運動論として耳を傾ければ違和感はない。だが、在特会は手段はもとより目的も間違っている。異質な他者を排除することには何の正当性もない。それではナチスとまったく変わらないではないか。

在特会が隆盛を極めていた13年ごろまで、多くのメディアはこの組織を「過激な右派集団」と論じていた（私も同様の表現を用いたことがある）。だが、いまにして振り返れば、これは「過激」でもなんでもない。間違っているだけだ。いかなるロジックをかき集めたとしても、属性を理由に人間を排除することが正当化できるわけがない。

こうした集団は当然ながら、多くの場面で事件を起こしていく。

09（平成21）年12月、在特会メンバーらは京都朝鮮第一初級学校（京都市南区）に押し掛け、校内で授業が行われている最中であるにもかかわらず、「朝鮮学校を日本から叩き出せ」「キムチ臭い」「スパイの子」などと拡声器を使って騒ぎ立てた。これによって4人が威力業務妨害などで逮捕されている。翌10年4月には徳島県教職員組合の事務所（徳島市）にメンバーらが乱入。居合わせた女性職員に向けて拡声器で「腹を切れ」「売国奴」などと怒鳴り散らし業務を妨害した。この件では7名が建造物侵入などで逮捕された。韓国人女優のCM起用が「売国的」だとして、製薬会社に押し入り、強要罪で逮捕された事件（12年3月）ほか、名誉棄損などの民事裁判も起こされている。

彼らは敵なのか、味方なのか

この在特会の創立者は桜井誠（本名＝高田誠）なる人物である。彼もまた、在特会を結成するまでは、特に右翼運動にかかわった経験は持っていない。

福岡県出身の桜井は20代前半の頃に上京。警備員や区役所の臨時職員を務めながら、空いた時間にネットで「反韓」「嫌韓」のメッセージを書き込むネット右翼の一人にすぎなかった。地元福岡で桜井を知る人物が「学校でも目立つタイプではなかった。とても政治運動できるような人間とは思えなかった」と語るような存在だった。だが、ネットへの書き込みは彼に飛躍を促した。韓国や在日コリアンに対する攻撃的な書き込みを続けていた桜井は、徐々にネット界隈で名前を知られるようになっていく。

一時期は「日本文化チャンネル桜」のような保守系テレビ局にもゲストとして招かれるようになり、リアルの世界でも彼の存在は少しずつ浸透していく。やがて、ネットで雄弁なだけの「ネトウヨ」ではなく、朝鮮問題に詳しい専門家に押し上げられた。そんな桜井の呼びかけで、06年に在特会が結成されたのである。

在特会は全国各地で精力的に活動を行った。日の丸を掲げて韓国や北朝鮮、中国を非難し、在日コリアンを貶めるようなデモを、毎週末のように全国各地で展開した。「反日」「売国」と認定した企業、新聞社、テレビ局への抗議運動も欠かさなかった。

運動のピークは12年から13年にかけてだった。12年夏に韓国の李明博《イミョンバク》大統領（当時）が竹島に上陸したことで、世間では「反韓」「嫌韓」の気分が盛り上がった。在特会はこれに便乗し、東京・新大久保、大阪・鶴橋といった在日コリアン集住地域での大規模デモを繰り返した。「朝鮮人皆殺し」「首吊れ」などと書かれたプラカードを掲げ、ヘイトスピーチを連呼するデモには、さすがの右翼団体からも「やりすぎ」といった声が漏れた。

12（平成24）年のある日、私は在京の右翼団体幹部による会議を取材する機会をもった。新宿の喫茶店の会議室に、行動右翼、任侠右翼のトップクラスが集まった。その日のテーマは「在特会」だった。在特会は敵なのか、味方なのか――街宣右翼一筋で修羅場を生きてきたような老幹部たちは、腕組みしながら考え込んでいた。

「愛国者であることは間違いない」「しかしあまりに言葉遣いがひどい」

そうした意見が交わされるものの、議論としては盛り上がらなかった。ネットという世界にさしたる知識がないことで、だれも内実を知らないのだ。つまり、同じ右翼でありながら、組織としての交流はそれまで何もなかったのである。

手を組むような相手ではないし、仲間として認めるような存在とも思えない。放っておこう。おそらくはそんな結論に達したように記憶している。少なくともこの時点で、在特会と街宣右翼との間に、注目すべきつながりはなかった。

衰退

さて、在特会は13年以降、急速に組織としての力を落としていく。一時期は1000人近くの動員力を見せつけたこともあったが、14年に入ったあたりから、デモ参加者は多い時でも100人ほどとなり、デモ自体の回数も減ってきた。

最大の理由は、一連の差別デモに対する抗議行動が活発化してきたことだろう。在特会がデビューしたばかりの頃から抗議活動はあったが、駆け付けるのは左翼関係者が中心だった。しかしデモが拡大するにつれ、これを嫌悪する一般人が「カウンター」と称して現場に集まるようになった。組織的な動員がなくとも、多い時には1000人以上がデモ開催場所に集まり、〝アンチレイシズム〟を訴えるようになった。敵が増えてくれば、デモする側もやりにくい。それまでデモ終了後に必ずといっていいほど行われていた懇親会も、「カウンター」を恐れて開くことができなくなった。デモが終わると、そのまま警察がレイシスト側の隊列を取り囲み、守るように駅まで送り届ける。これでは、出会いや交流を期待していた者にとっては「楽しい」はずもない。

デモの実態が報道されることで、世間の目も厳しくなった。警察も公安関係部署を通して、デモ参加者の情報収集に本腰を入れ始めた。匿名で参加していたはずなのに、いつのまにか警察に自宅や名前、職場まで知られた者も少なくない。そうなると、どうしても動員力は落ちる。

14年11月には、桜井が突如として在特会会長を辞任した。これに関しては、ある在特会幹部が次のように私に打ち明けている。

「ヘイトスピーチ批判をはじめとする社会的圧力への対応です。在特会はいまやヘイトスピーチの代名詞となってしまった。それが嫌で辞めていく会員も多い。そうした状況に危機感を持った桜井さんは、活動の場を路上から議会へと移すことを考えたのでしょう」

リーダーの辞任をきっかけとして、在特会は急速に衰えた。いまなお組織は存在するが、自力でデモや集会を開くことはほとんどない。

16年、ネット右翼にとってはさらに不愉快な事態が起きた。国会で「ヘイトスピーチ解消法」が成立したのである。これは差別デモへのカウンターにも参加してきた参議院議員の有田芳生《よしふ》らが主導する形でつくられたものだ。当初、与党はまるで乗り気ではなかったが、差別デモの現場などの視察、在日コリアン当事者との懇談などを通して、自民党の中でも「何らかの法的整備が必要」との認識が広まった。

結局、言論の自由に配慮する形で、罰則を設けない「理念法」という形で解消法は成立した。罰則こそないものの、この法律によって地方自治体などは「ヘイトスピーチ解消に努める義務」が生じた。ヘイトスピーチに反対する側にとっては、ひとつの勝利といってもよいだろう。

ヘイトは生きている

いま、在特会にはもはや往時のような勢いはない。

では、在特会の衰退と軌を一にするようにヘイトスピーチも減っていくのだろうか。問題はそこだ。私は前章で70年代以降の右翼に触れた際、草の根的な右派勢力の出現によって、「もはや暴力的な右翼を必要としなくなった」旨を書いた。それと同じ状況がいま、起きている。

在特会の力が弱まったのは、ヘイトスピーチ的なるものに対して社会的な圧力が強まった一面もある。と同時に、在特会を必要としないほどに、社会が〝極右な空気〟に満ちているから、とも言える。在特会が凋落して変わったことは、在特会主催のデモがほとんどなくなった——という事実ぐらいなのである。

実際、桜井誠も表舞台から消えたわけではない。在特会会長の座を降りた後、桜井は政治への直接関与を目指し、政治団体「日本第一党」を設立。16年の東京都知事選に立候補し、11万票あまりを獲得した。もちろん当選には遠く及ばなかったが、それでも主要候補者を除いた中ではトップクラスの得票である。しかも彼は、選挙運動という形で堂々と、従来の主張を街頭で訴えることもできた。

ヘイトスピーチは各所で生きている。ネットには相変わらず差別と偏見に満ちた言葉が躍っている。連日、ネット右翼が大暴れしている状況に、いささかの変化もない。いや、在特会が社会の各所に分断と亀裂を持ち込んだせいで、差別のハードルはぐんと下がった。街頭でデモをしなくとも、マイノリティを貶めるような文言が広まっているではないか。

全国各地の書店の棚には近隣諸国を貶め、マイノリティの存在に疑問を投げつけるような書籍が並んでいる。著者の多くは「愛国」を掲げて差別を煽る。テレビ番組をみても「日本人を誇る」内容のものが極めて多くなっている。街中の居酒屋でマイノリティを中傷するような言葉が交わされる場面に遭遇したことも一度や二度ではない。

そう、在特会なんて要らない。社会の一部は十分に極右化している。右翼の主体は街宣車を走らせる右翼でもなければ、在特会でもない。極右な気分に乗せられた一般人なのだ。

「差別」であるとは思っていない

16年10月7日午後1時10分。福岡地裁（福岡市）第4号法廷に、事件の主役が姿を現した。証言台に立った被告男性（64歳・同市南区在住）は恰幅がよく、一見、企業経営者風でもある。

「それでは判決を言い渡します」

裁判官がそう告げると、男性は両の手で握りこぶしをつくった。

「被告人を懲役1年に処する。ただし、この裁判が確定した日から3年間、刑の執行を猶予する」

男性は裁判官に向かって頭を下げた。検察側の求刑は懲役1年6月だった。量刑に関しては、おそらく予想の範囲内であったのではないだろうか。男性も、そして弁護人も、落ち着いた表情で、そのあとに続く量刑理由に耳を傾けていた。

「事件」は同年6月17日から30日の間に起きた。この男性は市内のデパートなど14ヵ所の大型商業施設のトイレに侵入し、在日コリアンを中傷、差別するビラを貼った。

関係者によればビラは2種類（いずれもA4判）。「在日コリアンの社会迷惑」と題されたビラには、消費者金融、暴力団の多くが在日コリアンによって占められているとする文言や、在日コリアンが起こしたとする事件名などが連ねられていた。また、「日本人をだますコリアン政治家」「日本人を排除、差別する企業」などと題したビラには、政党別に在日コリアン議員の人数を記したり、または在日コリアン系の企業名などが書かれていた。

各ビルの施設管理者からの通報で福岡県警が捜査に着手。6月30日、男性は警戒中の捜査員に建造物侵入容疑で現行犯逮捕された——以上が事件のあらましである。

男性は大学卒業後、学習塾経営などに関わり、犯罪などに手を染めたことはない。同居する妻も、二度と同じことを繰り返さぬよう、今後の監視を約束したという。情状酌量の余地は私も十分に認めつつ、それでもなにかしっくりこないものを感じた。

裁判の席上、男性はビラ作成の端緒を、「居酒屋で、芸能界には多数の在日コリアンが活動していると聞きつけた」ことだと話している。それがきっかけで在日コリアンの存在に興味を持ち、ネットで検索したところ、芸能界どころか多くの企業、暴力団組織、一部の政党までもが〝在日コリアンの影響下〟にあると書かれてあった。「発見」の連続だった。いうまでもなく、ネットに流通している虚偽情報の類である。

「ネットに不慣れ」だという男性は、これらを裏取りすることも、検証することもなく、ビラに記してばらまいた。

被告人質問では次のようなやり取りがあった。

――ビラ貼りの意図は？

「7月の参院選を前に、ネットで調べた事実を有権者に知ってもらいたかった」

――なぜ有権者に伝えたかったのか？

「日本の実態を知ってもらい、投票に行ってもらえば日本がもっとよくなると思った」

――正しい目的ならば、どんな手段をとってもいいのか？

「正しくても犯罪行為はよくない。貼るときはトイレに傷がつかないようにと気をつかった。日本のためにしているのだから、少しは大目に見てくれると思った」

――今後はどうするのか?

「慎重に行動する。いろいろな人の意見を聞いて、二度と犯罪はおこさない。魚釣りでもして、世間に迷惑をかけない生活をしていきたい」

ネット情報を鵜呑みにし、ヘイトスピーチが生まれるという典型的パターンが浮かび上がってくる。また、事件への反省は伝わってくるが、自らの差別的言動、思考に関して、ほとんど言及はなかった。本人は「魚釣り」でもしながら過去を忘れて生きていけばよいかもしれないが、地域社会に分断を持ちこもうとした罪は消えない。ビラを目にしたかもしれないマイノリティがいたとすれば、その心に深い傷を与えたことにもなる。

男性は判決当日、これまでの報道に関して、法廷外で地元記者に口頭で抗議している。「なぜ、差別目的でビラを貼ったなどと書いたのか」

男性はあくまでも「差別」を認めていないようでもあった。その点は、私も聞きたいところではあった。私は男性を裁判所の外で直撃したが、一切、返答はなかった。

これが今時の右翼の姿である。街宣車に乗るわけでも、街頭で差別デモに参加するわけでもない。だが、もっとも先鋭的に〝右翼活動〟しているのはこうした市井の人物なのだ。

ヘイトクライムが起こるとき

17年5月には、民族系金融機関「イオ信用組合」（旧朝銀中部信用組合）大江支店（名古屋市）で、店内に押し入った男が灯油をまき、火をつけるといった事件が起きた。この事件で逮捕されたのも、右翼組織への加入歴も活動歴もない、元会社員（65歳）である。

彼は裁判で、犯行動機を「慰安婦問題で以前から韓国に悪いイメージを持っていた」と述べた。ネットやテレビのニュースで見た、ソウルの日本大使館前に設置された慰安婦像などに憤りを感じ、この行動を思いついたのだという。

ちなみにイオ信用組合は朝鮮総連系列の金融機関であり、韓国資本ではない。そうした簡単な事実さえ調べることもなく、彼は灯油をブチまけたのだ。「韓国が許せない」というだけで、大惨事に発展しかねない暴挙に至った——これは完全なヘイトクライム（憎悪犯罪＝民族や性的指向などに関わる特定の個人・集団に対する憎悪が元となって引き起こされる犯罪）である。

判決公判で私が目にした被告は、やはり、一般的に考えられる右翼像とは相当に距離感のある、地味な感じの男性だった。数年前には地元の鉄鋼会社に25年以上勤務した実績が評価され、市が主催する優良従業員顕彰式で「特別表彰」を受けている。彼が住んでいたマンションで聞き込みをしても、「口数の少ない大人しそうなおじさん」といった言葉以外のものは耳に入らなかった。そんな男性が「思い付き」で犯罪に走り、懲役2年、執行猶予4年の有罪判決を受けた。永年勤続を表彰された「大人しいおじさん」もまた、極右な空気に流され、気がつけば先頭を走っていたのである。

溶ける境界

それでは、従来型の右翼（街宣右翼）はいま、どうなっているのか。

かつて、右翼とネトウヨには明確な線引きがあった。私が『ネットと愛国』（講談社）を書くために在特会関係者を取材していた10（平成22）年から12年までの間、前述したようにネトウヨの多くは右翼を嫌悪していた。彼らは右翼を「やくざの手先」呼ばわりし、ときに街中で街宣車に向けて「帰れ！」と怒声を上げた。ネトウヨの主張自体は右翼以上に差別的、つまり彼らは排他的な極右でありながら、従来型の右翼とは距離を置いていた。

同時に右翼の側もネトウヨの隊列を「ただのうっぷん晴らしに過ぎない」と冷めた目で見ている者が多かった。大阪・鶴橋、東京・新大久保など在日コリアンの集住地域で差別デモが行われた際、沿道には遠巻きにそれを眺める右翼の姿があった。私が話しかけると、嫌悪に満ちた表情で「バカバカしい」と吐き捨てるように返す者がほとんどだった。

「右翼は民族差別などしない」

そう話したのは一水会代表の木村三浩《みつひろ》だった。木村は13年3月、参議院議員会館で開催された「反ヘイトスピーチ集会」に参加し、次のように述べている。

「あのようなデモに参加している者は本当の右翼ではない。権力に対して闘うのが本当の右翼だ」

「反米・自主独立」の旗を掲げ続けてきた木村にとっては、街頭で騒ぎまくるネトウヨなど、話にならない存在だったろう。

だが、いまはどうだろうか。すっかり小規模となった差別デモだが、隊服姿の右翼が並んで歩いている光景は珍しくなくなった。それればかりか、差別デモに反対するカウンターに襲いかかる右翼もいる。16年には川崎でおこなわれた差別デモに反対する人々に地元右翼の構成員が殴り掛かり、逮捕される事件も起きた。街宣右翼の一部がネトウヨの「ケツモチ」となっているケースは少なくないのである。

17年夏、元在特会会長の桜井が広島で「反・反核」の街宣活動をおこなった際、街宣に反対する「カウンター」から会場を守っていたのは、隊服姿の右翼だった。取材に訪れた私を力ずくで追い返したのは、これまた戦闘帽をかぶった右翼男性であった。

沖縄でも、辺野古基地建設反対運動の現場に、地元右翼とネトウヨとが一緒になって襲いかかってくるようなケースが常態化している。

そう、かつて右翼とネトウヨとの間に厳然と存在した垣根は、もはやないに等しい。共闘するばかりか、実際には右翼とネトウヨの双方を軸足とするような「相互乗り入れ」のメンバーも存在する。差別と排他の気分に満ち満ちた極右の空気は、右派陣営をも丸ごと飲み込んでしまっているのだ。

こうした状況に嫌気がさし、さらに新しい右翼の形を目指す者も現れた。かつて新右翼・統一戦線義勇軍に属し、防衛省に火炎瓶を投げつけて逮捕されたこともある山口祐二郎（32歳・現在は憂国我道会代表）は、長きにわたって続けてきた毎夏恒例の「靖国参拝」をやめた。「戦争賛美の風潮に迎合したくない」からだという。同時に、右派陣営の排他的体質も「ヘイトスピーチの温床」だとして批判する。いまは韓国の元慰安婦を訪ねて日本の戦争責任を学び、北朝鮮にも足を運んで日朝友好の道筋を探っている。

「右翼であることはやめない。右翼として、日本の歴史と現実に向き合いたい」

右翼界の混沌の中からこれまでにない右翼も生まれた。

右翼の大海原

右翼とネトウヨ両者の〝混交〟を象徴するような事件が、18年2月23日に起きた朝鮮総連銃撃事件であった。

その日未明、車で乗り付けた男二人が、朝鮮総連中央本部（東京都千代田区）の門扉に向けて5発の銃弾を撃ち込んだ。現行犯逮捕されたのは、56歳の右翼活動家と46歳の元暴力団員である。二人は横浜市内のアパートで共同生活を送っていた。事件後、アパートを訪ねると、ドアから顔をのぞかせたのは部屋の借主である別の右翼関係者だった。

「私は何も知らされていなかった。動機を含め、事件の詳細について話せることは何もない」

そう話す男性には見覚えがあった。過去に差別デモの隊列に加わっていた人物だった。

逮捕された活動家に関しては、右翼という世界にあっては、よく知られた存在だった。かつては右翼団体の連合組織である全日本愛国者団体会議（全愛会議）の幹部を務め、92年には天皇訪中に反対するため、火をつけたトラックで首相官邸への突入を図り逮捕されたこともある。だが近年は、彼もまた、在特会をはじめとする排外主義団体に急接近していた。差別デモや街宣で、在特会関係者と並んで活動する姿を私は何度か目にしている。彼はヘイトデモ参加者たちから「教官」の愛称で慕われ、警察への対処法なども指導していた。そうしたことから、ヘイトスピーチに反対する市民団体からは「民族派右翼」というよりも、ヘイト活動家として見られることが少なくなかった。実際、街頭では自ら「不逞鮮人どもの圧力に屈しない」などとヘイトスピーチを繰り返していたのである。

13年には在日コリアン集住地域である大阪・鶴橋で決行されたヘイトデモで、女子中学生が「南京大虐殺じゃなくて鶴橋大虐殺を実行しますよ」と殺戮を扇動するようなスピーチを行って世間に衝撃を与えたが、このときの中学生はこの男性の娘だった。男性は、当時、私の取材に次のように答えている。

「(虐殺発言は) いちいち騒ぐような問題なのか。口で言うとるだけじゃないか」

彼が活動の拠点を関西から関東に移したのは事件の2年前。全愛会議の幹部によると「しばらくは全愛会議系列の団体に属していたが、17年に活動方針をめぐって団体を離脱し、個人として活動していた」という。

18年の事件直後、在特会関係者など排外主義団体のメンバーたちは、この事件を「義挙」だと称賛した。ネット上でも銃撃を称えるような書き込みは少なくなかった。逮捕されたのはテロをも辞さない古参の右翼活動家ではあるが、しかし、彼が辿り着いたのは、差別と排他の地平だったのである。

犯行の後押しをしたのは、近隣諸国を「敵」とする、世間の風である。敵を発見し、敵を吊るす——そうした回路に彼もまた、組み込まれていた。

そうした意味において、かつて野村秋介が表現した「民族の触角」は、より醜悪な形で安直なポピュリズムに堕したといえよう。触角どころか、世間の、いや、国家権力の番犬だ。

たとえば、この数年を振り返っただけでも、差別や偏見を煽る日本の「極右化」は加速度を増している。いや、底が抜けている。差別デモに参加する地方議員がいる。応援に駆け付ける国会議員がいる。差別発言を繰り返す議員がいる。ネトウヨが主催する集会で講演する議員もいる。外国人を「ウジ、ゴキブリ」とブログに書き込む神社の宮司が書いた本に、推薦の言葉を寄せたのは安倍晋三首相だった。

もはやヘイトスピーチは「草の根」の専売特許ではない。社会の上と下で呼応しながら、差別のハードルを下げ続けている。

18年4月、内閣府政府広報室が開設している「国政モニター」のサイトに、他民族を誹謗中傷する〝国民の意見〟が掲載されている事実が発覚した。

「在日韓国人を叩き出せ」「在日の強制退去が必要」「沖縄にいる朝鮮人を内乱罪で取り締まれ」――。

同室によると、「いただいた意見を尊重して掲載した」という。書き込んだ「国民」はもとより、チェックしていながらわざわざこうした「意見を尊重」する内閣府も感覚がマヒしているとしか言いようがない。

そう、これこそが社会の極右化だ。

私たちは右翼の大海原で生きている。

おわりに

米軍基地の新設問題を取材するため、定期的に沖縄に足を運んでいる。

その沖縄で初めて彼女の姿を見たのは２０１７年の夏だった。ヘリパッド（ヘリコプター離発着帯）の新設工事を終えたばかりの高江《たかえ》（東村）・米軍北部訓練場のメインゲート前。

彼女は基地と道路の境界線を示す〝イエローライン〟ぎりぎりに仁王立ちしていた。戦闘服に戦闘帽、黒い編み上げブーツ、脇に抱えているのは大型のトラメガ（拡声器）だ。右翼団体「花瑛塾《かえいじゅく》」（本部・東京）の仲村之菊《みどり》（38歳）だった。

高江や辺野古（名護市）など、沖縄県内で基地建設反対運動がおこなわれている場所に、右翼団体が押し掛けるのは珍しいことではない。よく知られているのが「日思会」「大日本忠仁社」といった地元右翼団体の〝反・反基地活動〟だ。「非国民」「国賊」などと反対運動の参加者を怒鳴り散らし、「中国の工作員、反日朝鮮人」だと差別と偏見をむき出しにした言葉で罵るのはおなじみの光景だ。街宣車で大音量の軍歌を流しながら威嚇を繰り返す右翼団体は、反対派の拠点であるテントを襲撃するなどして、逮捕者を出すこともある。

両団体とも、「反基地運動の背後に中国がいる」「反対運動参加者は売国奴」だと私の取材に答えている。

だが、彼女は違った。反対派市民がひとりもいない場所で、米軍基地にトラメガを向けて定例の街宣を始める。

「私の声に耳を傾けてください！」

そう切り出したとき、頭上をバタバタバタバタと独特の轟音をまき散らしながらオスプレイが通過した。彼女はちらっと上空に顔を向け、小さなため息を漏らし、そして演説を続ける。

「ヘリパッド建設は、明らかに基地機能の強化です！」

基地内の警備員が慌ててカメラを構えた。それを気にする風でもなく、仲村は訴える。

「私は沖縄の美しい海を守りたい。森を守りたい。子どもたちが安心して生きていける沖縄であってほしいと思っています」

いかにも右翼とわかる勇ましい装いで身を固めながらも、語り口調は穏やかだった。

「沖縄の痛みを理解したいと思う。戦争の傷跡、記憶に思いを寄せたいと思う。そして、基地のない島を目指す沖縄の人々に寄り添っていきたい。一緒に考えてもらえませんか」

基地建設反対を訴える演説は約30分間続いた。

「どうか沖縄の人々の思いを拒絶しないでほしい」

最後にそう述べてから、彼女はマイクを口から離し、一礼してその日の街宣を終えた。

――一般にイメージされる右翼とはかなり違いますね。

私がそう話しかけると、仲村は穏やかな笑みを浮かべながらこう返した。

「そうでしょうか。民族派としては当然の主張だと思います」

彼女が所属する「花瑛塾」は16年11月に結成されたばかりだった。

とはいえ、彼女の右翼歴は約20年にも及ぶ。18歳の時、右翼の演説を聞いて社会に関心を持ち、その世界に飛び込んだ。

右翼の中では〝大手〟とされる「大行社《たいこうしゃ》」に籍を置き、さまざまな活動に関わってきた。北方領土返還や拉致問題解決の要求、日教組大会に出向いての街宣――活動歴は、まさに右翼そのものだ。自民党本部で消火器を噴射して拘束されたこともある。

だが、活動を重ねるなか、少しずつ矛盾を感じるようになった。

「そのひとつが沖縄をめぐる基地問題です。右翼は国体護持を主張しながら、沖縄に米軍が駐留しているこの現実に大きな関心を寄せていない。いまでも米軍の占領下にあるのと同じことではないですか。民族派を自称するのであれば、他国の軍隊が日本に居座っている状態に異を唱えて当然です」

だが、その考え方は右翼という世界にあっては異端でしかなかった。中国の脅威はどうするのか。左翼勢力を利することになるのではないか。そうした反論が相次ぐ。

「尊敬できる右翼人は少なくありません。しかし、右翼・民族派である以上、なおさら沖縄の現状を放置できなかった。中国の脅威というが、沖縄を苦しめているのは米軍の脅威ですよ。この上さらに不平等な日米地位協定を容認するなど、できるわけがありません」

自分を育ててくれた組織に愛着はあった。組織を取るか、自分の考えに忠実に生きるか。さんざん悩んだ挙句、同じ考えを持つ同志の木川智(33歳)と一緒に後者を選んだ。

木川もまた、大学生のころから「大行社」に所属し、ゼネコンに乗り込んで発砲事件を起こして逮捕されたこともある筋金入りだ。その木川を中心に設立されたのが「花瑛塾」だった。現在、塾生は約30人。

「国を思い、真摯《しんし》に歴史と向き合うのであれば、沖縄の現状を容認することはできなかった」と木川は話す。

「琉球処分以降、沖縄では常に地元の人々の意思がないがしろにされてきた。日米両政府に翻弄されてきた負の歴史も直視すれば、愛国者としての立場は自ずと定まります」

一方的に押し付けられる米軍基地に反対し、沖縄に向けられる偏見とも戦うことこそが右翼の〝正道〟だと訴えるのだ。

スローガンを唱えるだけの一過性の運動にしたくないという思いから、花瑛塾では仲村を沖縄に常駐させ、高江や辺野古の新基地建設反対運動に取り組んでいた。

仲村もまた、自身の行動の礎となるのが「国体護持」の思いだと繰り返した。その点は、ほかの多くの右翼人と変わらない。天皇を中心とする〝国柄〟を守ること——そうした国の形を筆者は望まないが、考え方、生き方の一つであることは否定しない。だが、昨今の右派にとっての「国体」とは何なのか。仲村が指摘した通り、右翼・右派とは単に「反左翼」「アンチ隣国」の運動に留まってはいないか。「愛国者」を自称しながら、しかし、あまりに不平等な日米地位協定を無条件に受け入れているのは、矛盾も甚だしい。

「偽りを述べる者が愛国者とたたえられ、真実を語る者が売国奴とののしられた世の中を、私は経験してきた」

そんな言葉を残したのは16年に亡くなった三笠宮崇仁《みかさのみやたかひと》親王だった。軍人として中国大陸に派遣された経験から、偏狭なナショナリズムが暴発したときの怖さを知っていた。

政権批判しただけで「売国奴」だと罵られ、在日外国人であることをもって「出ていけ」と脅迫されるようなこの時代を、三笠宮親王ならばどう評したであろうか。

右翼は国家権力の手足として振る舞うだけでよいのか。そんな思いを抱えながら本書を書き上げた。右翼は社会の矛盾に向き合うことから、足場を固めたはずだ。市民社会やマイノリティを威嚇するだけの右翼など、あまりに惨めではないか。不公平、不平等への涙から生まれたはずの右翼が、日本社会を、地域を、人の営みを壊しているような現状が残念でならない。

いま、右翼はけっして〝異端〟とはいえない。政府の本音をストレートに伝えるだけの拡声器となっている。せめて在野に留まり権力と対峙する存在であるべきではないかと私は思う。

本書を書くにあたり、右翼関係者を含め多くの方に協力をいただいた。心から感謝したい。また、右翼の歴史を調べるにあたっては、多くの書籍、論文に依拠することとなった。貴重な証言と論考を残してくれた方々の労苦に、ただただ頭が下がる思いだ。

講談社現代新書編集部の青木肇には貴重な助言をいただいた。筆をおくまで、彼の存在だけが支えだった。心からお礼を言いたい。

（文中敬称略）

講談社現代新書　2485

「右翼《うよく》」の戦後史《せんごし》

二〇一八年七月二〇日第一刷発行

著者　安田《やすだ》浩一《こういち》　

発行者　渡瀬昌彦

発行所　株式会社講談社
東京都文京区音羽二丁目一二―二一　郵便番号一一二―八〇〇一

電話　〇三―五三九五―三五二一　編集（現代新書）
〇三―五三九五―四四一五　販売
〇三―五三九五―三六一五　業務

装幀者　中島英樹

印刷所　凸版印刷株式会社

製本所　株式会社国宝社

定価はカバーに表示してあります　Printed in Japan

N.D.C. 360　278p　18cm
ISBN978-4-06-288429-7

「講談社現代新書」の刊行にあたって

教養は万人が身をもって養い創造すべきものであって、一部の専門家の占有物として、ただ一方的に人々の手もとに配布され伝達されうるものではありません。

しかし、不幸にしてわが国の現状では、教養の重要な養いとなるべき書物は、ほとんど講壇からの天下りや単なる解説に終始し、知識技術を真剣に希求する青少年・学生・一般民衆の根本的な疑問や興味は、けっして十分に答えられ、解きほぐされ、手引きされることがありません。万人の内奥から発した真正の教養への芽ばえが、こうして放置され、むなしく滅びさる運命にゆだねられているのです。

このことは、中・高校だけで教育をおわる人々の成長をはばんでいるだけでなく、大学に進んだり、インテリと目されたりする人々の精神力の健康さえもむしばみ、わが国の文化の実質をまことに脆弱なものにしています。単なる博識以上の根強い思索力・判断力、および確かな技術にささえられた教養を必要とする日本の将来にとって、これは真剣に憂慮されなければならない事態であるといわなければなりません。

わたしたちの「講談社現代新書」は、この事態の克服を意図して計画されたものです。これによってわたしたちは、講壇からの天下りでもなく、単なる解説書でもない、もっぱら万人の魂に生ずる初発的かつ根本的な問題をとらえ、掘り起こし、手引きし、しかも最新の知識への展望を万人に確立させる書物を、新しく世の中に送り出したいと念願しています。

わたしたちは、創業以来民衆を対象とする啓蒙の仕事に専心してきた講談社にとって、これこそもっともふさわしい課題であり、伝統ある出版社としての義務でもあると考えているのです。

一九六四年四月　野間省一